회사인간

회사인간

진짜 인간으로 나아가는
인문학적 승진 보고서

장재웅 지음

12년간 일한 회사에서 나오기로 마음먹었던 때였다. 혼자 마음속으로 퇴직을 결심한 날, 퇴근하던 통근버스 안에서 이유 없는 눈물을 흘렸다. 다리를 꼬아가며 참았지만 표면 장력을 뚫고 나오려는 투사 같이 힘센 눈물을 감당할 순 없었다. 억울할 것도, 아쉬운 것도, 후회도 없었지만, 하염없이 흐르는 눈물을 참아내지는 못했다. 세월에 받치는 눈물이 아니었을까 짐작한다. 긴 시간, 회사를 다니며 결혼을 했고 아이 둘을 낳아 길렀다. 전셋집을 세 번 옮긴 끝에 은행 대출 가득한 내 집 하나를 마련했고 이름 없는 사원에서 팀장까지, 많은 일이 그야말로 도열된 가로등을 최고 속력으로 지나가듯 있었다. 이후 나는 눈물이 눈에 띄게 많아졌는데 눈물 많은 내가 스스로 마음에 들었다. 울고 싶을 때 울 수 있는 사람은 아름다운 사람이다. 울고 싶은 일이 많지 않은 사람도 꽤 괜찮은 사람이라 여기지만 세상이 어디, 얼굴 무너져라 웃고만 지낼 수 있던가. 잘 울어야 잘 웃는다. 그해 여름, 해마다 불입했던 퇴직연금을 일시불로 헐었다.

나는 해외로 나왔다. 아이들과 아내를 모두 데리고 겁 없이, 같잖게도 내 제국의 지평을 넓히겠다며 보무당당하게 한국을 떠나왔다. 이로써 국내와 해외에서 직장 생활을 모두 해 본 인간이 되었지만 나는 월급쟁이였다. 그때도 지금도 월급쟁이다. 해외에 나왔다고 해서 징글징글하게 따라다니는 엑셀과 파워포인트를 피해갈 순 없었다. 그때 불현듯 알게 되었다. 다른 길을 가겠노라 나선 길에 같은 길로 들어서는 어리석음을 저질렀다. 밥의 덫에 걸려들었다. 먼 곳에 왔다고 다른 삶이 기다린 건 아니었다. 해외니 국내니 여러 집 종살이 경험을 자랑스레 떠벌린다. 나를 비참하게 만들어 생에 복수하고 싶은 것이다. 그럴수록 더 후퇴된 일상에 자괴감만 제대로 확인할 뿐이다. 매일 저녁 가족과 함께 보내는 시간은 좋았고 낯선 이국에서 주말마다의 여행도 아름다웠지만, 내 인생을 드론 뷰로 봤을 땐 여전히 월급쟁이 회사인간이라는 정체성에서 한 발짝도 벗어나지 못했다. 이쯤 하면 회사인간은 도대체 나에게 무엇인가를 묻지 않을 수 없다.

　월급쟁이를 하며 노하우와 인생을 녹여낸 불후의 보고서 하나를 내놓는 게 큰 바람인 적이 있었다. 숱한 일을 겪고 산전수전 공중전까지 경험하면 답 없는 일에 혜안들이 정렬돼 매직 아이처럼 떠오를 줄 알았다. 간혹 퍼뜩 떠오르는 답도 있었고 그 답이 정답일 때도 있었지만 삶이 어디 그런가. 내 삶이 이리도 복잡한데 사람들이 모인 회사에서 일어나는 일들이란 참으로 다종다양하다. 분명 경험이라는 것이 도움이 될 때도 있겠지만 그런 보고서라는 게 무참한 노예적 바람이었다는 걸 깨닫는 데는 참으로 오래 걸렸다. 주어진 일은 성심껏 한다. 맡겨진 일은 틀림없이 해낸다. 그러나 처리해 나가는 회사 일이 내 삶이 되진 않기를 나는 다시 바란다. 일로써 얻어진 경험이 혹 나를 먹여 살릴 수 있다 하더라도, 남의 완벽함을 위해 나의 완벽을 소진하는 일들이 내 삶에 끼어들지 않기를 나는 바란다.

남의 돈을 벌어먹는 건 굴욕이다. 풀어서 말하면, 돈을 받고 노무를 제공하는 과정에서 일어나는 무수한 굴욕들의 합이 월급이다. 내 월급에 그들이 주는 굴욕은 표면적으로 보이지 않지만, 굴욕 안에서 월급이 만들어지는 건 부인할 수 없는 사실이다. 나는 그 굴욕을 보완하거나 회피하거나 감당할 수 있는 방법을 알지 못한다. 피할 수 없고 받아들여야만 얻을 수 있는 엄정한 월급 앞에 사람들은 당면해있다. 굴욕을 감당할 수 없었던 많은 사람은 월급을 팽개치거나 더 나은 주인을 찾아 나섰고, 더 많은 사람은 갖은 굴욕을 운명이려니 받아들이고 삶의 처지에 주저앉는다. 이 대목에 이르면 삶은 더 이상 아름답지가 않다. 그저 전개된다는 삶의 허망한 과정은 굴욕에 굴욕을 더해 굴욕으로 나아가다 결국 버려지는 무참함이다. 우리는 이겨낼 수 있는가.

삶은 스스로 살아내는 추동력이 있다. 자신이 어떻게 사는지 알지 못하는 중에도 스스로의 관성대로 자신을 이끌어 가는 어떤 것이 있을 거라 믿는다. 시간을 밀쳐내며 그냥 삶이 전개되는 것 같은 느낌을 받을 때가 있는 것이다. "사람은 나이가 들어서 지나온 삶을 돌아보면 우연처럼 보이는 사건들이 이어져 마치 소설처럼 어떤 줄거리를 이루고 있는 것을 알 수 있다. 그 줄거리는 누가 만드는 것일까? 소위 의지 will이라고 말한 것에 의해서, 우리가 자각하지 못하는 자기에 의해서 움직인다." 지독했던 염세주의자 쇼펜하우어도 이처럼 말하는데 평생 월급쟁이 하다 죽을 순 없다. 그러나 월급쟁이를 그만두기 전에 해야 할 일이 하나 있다. '나에게 월급쟁이 정체성은 무엇이었나'에 답을 할 것. 희미했던 답, 아득했던 선사(先史), 얼핏 봤던 기억을 붙들고 필사적으로 매달려 구해야 한다.

나는 지독하게 평범했다. 뜬금없이 에베레스트에 기어오른 건 어쩌면 참을 수 없는 평범에 대한 반항, 그 때문인지 모른다. 2010년, 지금으로부터 10여 년 전, 내게 에베레스트는 쉽지 않았다. 지금도 직장을 다니며 그곳을 어떻게 올랐는지 알 수 없다. 그러나 그 거대한 산보다 더 큰 산은 밥벌이 산이었다는 걸 훗날 알게 됐다. 에베레스트를 다녀온 뒤 도전으로 점철된 삶을 살 줄 알았다. 근거 없는 자신감이었다. 사람이 그리 쉽게 바뀌겠는가. 오늘도 이 세계에서 지엽말단의 삶을 살고 있고 부러진

다리는 여전하고 월급쟁이 인생도 그대로다. 단지 눈(雪)에 시커멓게 그을렸던 얼굴과 진물 나던 입술이 제 모습을 찾았을 뿐이다. 변한 건 없다. 사람들은 나를 의지 충만하며 도전으로 생활화된 사람으로 여기기도 한다. 고백 건데 그런 거 없다. 굳이 들자면 거대한 산을 오르기 전, 홀로 내 자신에게 그리고 이 세상에 맞버티던 붉은 무늬가 내 몸에 흉터로 남아있을 뿐이다. 밥에 굴종하지 않았던 잗다란 경험이 경험이라면 경험이다. 어디 써먹을 때도 없겠지만 낮에도 꿈꾸는 법을 배운 것은 잘 한 일이라 소심하게 자찬하기도 한다. 그러나 그게 문제였다. 두렵지 않은 척 하는 것이다. 밥벌이 비밀을 봤던 게 잘못이었을까, 예언하지만 아무도 믿어주지 않는 카산드라처럼 끊임없이 내 삶을 벼랑으로 밀어 넣지만 여전히 도전은 겁나고 생을 거는 무모함 앞에 무릎은 늘 벌벌 떨린다. 객기로는 살 수 없는 것이다. 밥벌이 앞에선 더욱 그렇다. 삶은 엄연하고 가혹하며 사납다. 대기업에서 두 번의 특별승진과 최연소 팀장을 구가하던 때, 때를 맞췄는지 회사가 속한 산업 전체가 불황의 늪에 빠져 들어갔다. 누군가 인생은 '가오'로 사는 게 아니라 했지만 팀원을 대신해 구조조정 명단에 내 이름을 스스로 넣었다. 직장생활의 환멸도 한 몫 했다.

그만하면 됐다 싶었다. 그렇게 낯선 땅으로 훌쩍 떠나오면 월급쟁이 생활도 달라질 줄 알았다. 다르긴 했다. 깊이는 같았고 표면만 달랐다. 시니피앙(signifiant 기표, 형식)은 달랐지만 시니피에(signifié 기의, 의미 내용)는 같았다. 다시 걸려든 포주의 손에 온 몸을 헌납해야 하는 유곽의 젊은 여자처럼 혼자선 도저히 넘어서지 못하는 이 처지를 우두커니 바라보다 나는 울었다. 성희롱을 당해도 웃어야 하는 그들 안의 울음처럼 나는 울었다. 이국의 붉은 흙바닥 길에 있던 이름 모를 카페에서 꺽 꺽 소리 내며 울었다. 벗어날 수 없다는 절망에 이르자 자멸하듯 울었다. 시간은 흘렀다. 이젠 울지 않지만 그 울음이 나는 그리운 것이다. 잘 살고 있다고 말하고 다니지만 잘 살지 못한다고 다시 되뇐다. 월급쟁이 정체성을 벗어나지 못하는 한 그럴 것 같다. 전전하며 사는 부끄러운 아비의 등판을 보이고 싶지 않았지만 글쎄, '하고 싶은 일을 하며 살아라, 꿈을 꿔라' 말해놓고 아이들이 내게 되물어 오면 나도 꿈이 뭔지 잘 모르겠다, 하고 싶은 일을 아직 찾지 못했다고 말할 수밖에 없다.

체념과 기대 사이, 다른 멋진 인생이 기다리고 있다는 사실

아닌 사실 안에서 여전히 나는 산다. 그 안에서 잠시 빌어먹을 희망과 기대의 출처를 관조하고 싶었다. 절망도 예비하고 싶었다. 이글은 바닥의 삶을 조금 들어 올려 역사 속으로 보내봤다가 초월론적 존재로 휘저어봤다가 다시 어처구니없는 현실로 돌아오는 희망과 절망의 여행기다. 울지 않고 어금니 깨물고 덤벼본 삶의 흉터다. 흉터가 아물어야 어른이 될 텐데 아직 딱지도 앉지 않아 진물이 흐르는 성장 보고서를 내어 놓는 것만 같다. 아마도 어렵겠지만 부디 이글이 남의 품삯으로 살지 않을 생의 어느 날을 위한 잘 벼리어진 검(劍)이었으면 한다. 회사 인간의 굵은 모가지를 삭둑 잘라야 하니 몇 번을 더 벼려야 할지 모른다. 어쩌면 벼리기만 하다 인생 마감할지도 모른다. 그래도 '어쩌면'이라는 부사 하나는 남는다. 인생 밑지는 장사는 아닌 것이다.

자녀 양육과 가족의 건사를 위해 꿈이 사그라드는 직장인. 자신의 삶을 애지중지할수록 평범으로 한 발 더 갈 뿐이며 남들과 같은 삶, 깨끗하고 무균의 삶은 점점 자신의 삶이 아니라는 것만 확실해진다. 넘어질세라, 뒤쳐질세라 바짝 졸아가며 살다 보면 내가 마음대로 할 수 있는 세상 하나 만들지 못한다. 생산성이라는 가치에 자신의 모두가 털려 버리는 회사인간이 아니라 자신의 꿈에 근거한 상상인간의 가치, 극명하게 대비되는 바쁜 직장과 멈춘 시간의 움푹 패인 침묵 속에서 어떤 시간으로 살아야 하는가를 물어야 한다. 다른 삶에 대한 동경, 여전히 코피 터지 듯 살아가는 월급쟁이에게 자신을 반추하고 다른 삶을 꿈꾸게 할 수 있는가. 나는 스스로 자신을 회사인간이라 부른다. 항상 약간의 피곤함이 동지처럼 어깨에 얹혀 있으며 하루를 시작하는 이유가 통근버스를 타기 위해서인 뼈 속까지 월급쟁이기 때문이다. 월급쟁이 아이덴티티를 혐오하지만 세상 밑바닥 사람들이 우글거리는 현장을 또한 사랑한다. 목줄 묶인 직장에서 자신의 잠재태는 자유이며 지루한 일상을 격발하는 임계치가 곧 도래할 것을 찰떡같이 믿고 있다. 집 평수보다는 사유의 지평을, 자동차 배기량보다는 꿈이 주는 마력을 믿고 있다. 대기업 기획업무를 18년간 수행했고 경영혁신을 주관하는 부서의 팀장으로 일했지만 자신의 인생 기획 한 번 하지 못했고 자기혁명도 이루지 못한 것이 늘 마음에 걸렸다. 그런 조바심이 자유에 관해 천착하게 했고 인류 고전에 파묻혀 지내게 했다. 통근버스 타는 하루 두 시간을 오롯이 책 읽는 데 쓴다. 그 시간은 내가 인류와 만나는 유일한 해방구다. 이 글은 통근버스 안의 그 성스러운 시간에 힘입은 바가 크다.

그저 잡문에 지나지 않을 테고, 오로지 나를 위해 쓰는 글이겠지만, 월급쟁이 회사인간을 부러뜨리지 않고선 인생 다음으로 넘어갈 수 없다. 회사인간의 역사적 종축을 가로지르고 잘 벼린 시대의 칼로 횡축을 잘라 횡단면을 현미경 위에 올리는 일, 그것은 오랜 월급쟁이 생활을 하며 그 안에 살았던 내가 누구였는지를 스스로 고민한 흔적이 될 것이다. 한때 나의 모든 정체성이었던 직장인, 회사인간, 월급쟁이, 나아가선 세상의 평범, 나약함, 결핍의 인간에 대한 찬사이자 위로요, 분노이자 아쉬움이겠다.

2021년 7월

장재용

contents

1장_
역사적 회사인간

2장_
회사인간의 철학적 해석

3장_
최대한 살고 남김없이 산다

4장_
잘 살지 말고, 다 살 것

시키는 일을 완벽하게 해내는 것이 회사인간의 미덕이다. 결과적으로 내게 주어진 일이 비합리적이고 부조리한지는 중요하지 않다. 숱한 불만과 타오르는 정의감, 치밀어 오르는 모욕은 월급 앞에서 늘 작아졌다. 하고 싶은 일이 생겨 가슴에 불화살을 당겨도 막상 그 기회가 찾아오면 슬그머니 발을 빼고 스스로 졸아들었다. 시키면 해야 했고 시킨 일을 하지 않으면 월급은 멀어졌다. 무력한 자신에 대한 책망이 낳은 처세적 달인, 우리는 그들을 월급쟁이 회사인간이라 부른다. 나는 18년을 이런 미덕이 최고인 사회와 조직에서 살아낸 뼛속까지 월급쟁이 회사인간이다. 나는 사람들을 피 웅덩이로 몰아넣고 난사를 명령했던 아이히만(나치의 전범, 전범 재판 과정에서 자신은 '오직 명령에 따랐을 뿐'이라고 항변했다)을 비난할 수 없다는 사실에 절망한다. 훗날 내 아이가 내 삶이 어땠는지 물어오면 대답을 얼버무리다 결국엔 무거운 입을 놀려 "야야, 아부지는 그냥 밟으면 밟히는 사람이대이" 힘없이 말하고 고개를 떨굴까 두려운 것이다.

돈을 벌려면 직장에 매일 수밖에 없다. 매인 곳에서 성실하게 최선을 다한다. 그 최선은 최선인가? 마음 한 편엔 늘 굴욕이 따라다닌다. 회사를 다니지 않으면 그만이지만 월급을 걷어찬 뒤 거친 삶에서 들개로 살기엔 이미 멀리 와 버렸다. 삶의 관성이 풀려버린 그 사나운 고립을 견딜 수 없는 것이다. 잠자코 다니자니 직장에서 매일을 질타와 시기, 압박과 굴욕으로 견뎌야 하는데 도무지 삶의 의미를 찾을 수가 없는 것이다. 여기서 우리의 고민은 시작된다. 나는 이 고민의 끝을 보고 싶었다. 끝을 보기 위해 다시 시작으로 돌아가 어디서부터 잘못된 것인지 성능이 좋은 천체망원경으로 보고 싶었다.

일은 존엄한가? 그렇다. 일해서 번 돈으로 내 아이 학원비를 낼 수 있고 아내의 청소기도 살 수 있으니 과연 그렇다. 그러나 한 꺼풀만 더 벗겨내면 노동의 존엄이란 '부끄러움 감추기 위한 노예의 자기기만' 같은 것이니, 제 아무리 멋진 일을 하고 있다 여겨도 회사생활하며 삶을 이어갈 수밖에 없는 처지를 두고 거창한 의미를 부여하거나 그 삶을 존경할 순 없었다. 낮고 낮은 그 얘기들을 어디 가서 할 수 없을뿐더러 미화시키거나 잘 정제해서 그럴 듯하게 말할 수도 없다. 인간은 관계 속에서 제 정체성이 정의된다지만 지금 처해 있는 사회적 관계인 월급쟁이로 나를 설명하기엔 구멍 난 양말처럼 부끄러울 뿐이다. 나는 월급쟁이다. 연봉 3억 원의 월급쟁이와 연봉 3천만 원의 월급쟁이가 내 눈엔 달라 보이지 않는다. 계급의 차이는 엄연하지만, 시킨 일을 할 수밖에 없는 사람이라는 이름표를 넘어서지 못한다. 우리는 주간업무를 보고하려 태어나지 않았다. 그런데도 왜 나는 이 모욕의 삶을 떨쳐 버릴 수 없는가. 어느 날 그 이유가 오로지 나로 인한 것이 아님을 어렴풋하게 알게 됐다. 자명하진 않았지만 희미했던 그 이유를 떠올려 무너지지 않게 두었다. 이 글은 그 희미함에 머물러 그것이 또렷해 질 때까지 밤을 새우고 눈을 썻어가며 봤던 흔적이다. 과연 그것은 거대한 뿌리를 가졌으며 손대기 힘든 구조적인 문제와 짧지 않은 역사적 근간이 존재했다. 그것을 풀어내려 한 철학적 해석들이 있었고 나는 힘껏 건져 올렸다. 글은 그 뿌리의 일부에 지나지 않겠지만, 내 불안과 고통이 오로지 나의 잘못인 줄 알고 자책하며 괴로워했던 날들을 놓아 줄 수 있게 됐다.

사람은 태어나고 또 반드시 죽는다. 이보다 명징한 사실은 없다. 당연하고 확실한 세계에서 우리는 고민할 필요가 없어 보인다. 그 확실함 속에 숨은 근원적인 것, 나를 고민으로 몰고 가는 무엇에 관해 외면할 수 없다. 인간의 삽질은 이처럼 시작된다. 이왕 시작된 헛발질은 끊임없이 계속될 테다. 그러나, 그렇지만, 그럼에도 불구하고 뻔해 보이는 고민과 사유 속에 맥락이 생겨나고 맥락 속에서 자신만의 의제가 상정되고 상정된 의제들을 하나, 둘 풀어나가며 우리는 의젓함으로 강해진다. 그래서 보잘것없는 삶과 죽음에도 두려움 없는 당당함으로 살 수 있다고 나는 믿는다. 불멸의 이름을 남기려는 명예욕도 삶의 고통을 잊으려는 도피도, 쉽게 살면 될 것을 어려운 사유를 해가며 유식을 티내려는 과시욕도 아니다. 서서히 그러나 끊이지 않고, 태어난 자로서 지녀야 할 삶을 대하는 자세를 정초하려는 것, 먹고 싸는 생명체로서의 확실함 너머에 의미를 부여하려는 행위다. 그때 우리는 비로소 존재한다는 동사(動詞)의 삶으로 나아간다.

필멸의 인간과 존재론적 인간, 이 긴밀한 관계의 가장 긴장된 형태가 바로 월급쟁이 회사인간이다. 우리는 날마다 의미적 인간과 똥 같은 인간 사이에서 줄타기하는 월급쟁이다. 우리가 함부로 입 밖으로 내는 월급쟁이라는 말은 그 존재를 감싸는 형태에서부터 결코 풀어내기가 만만하지 않고 쉽지 않은 정체성인 것이다. 월급쟁이 회사인간은 무엇인가, 그것은 지금 이 순간 여기에 사는 나를 규명하려는 시도다. 플라톤이 개별들을 모아 유(類)로 올라갔다가 그것들을 다시 종(種)으로 나누는 개념적 분석을 통해서만 사물의 본성을 알 수 있다고 말했을 때, 아리스토텔레스는 플라톤의 논변에 반박하며 '어떤 사물의 본성을 알고자 한다면 그 사물에 공통적인 개념을 분석할 것이 아니라 사물을 구성하고 있는 요소들과 그 요소들이 결합되어 있는 방식을 분석해야만 한다.'고 주장한다. 개념은 지칭으로서만 존재한다. 즉, 있기는 있는데 실재가 아닌 것들이다. 개념을 안다고 해서 그 개별을 알 수 있는 건 아니다. 사물을 이루는 요소, 구성성분과 구성방식을 알 때만 그것을 알 수 있다. 마찬가지로 회사인간이 무엇인지 알려면 회사인간이라고 뭉뚱그려진 개념의 파악이 아니라 개별의 회사인간 각각을 파악하고 개별과 개별이 서로 엮여진 방식, 월급쟁이를 이루는 구조, 월급쟁이로 존재하게 된 역사성을 파악해야 한다. 아리스토텔레스가 말한 대로 개별자 파악이 우선이다. 그렇다면 수많은 개별로 파편화된 월급쟁이의 존재를 하나하나 알아야 비로소 파악될 수 있을 텐데 그것은 불가능한 일이다. 유일하게 가능한 방법은 나를 실험대에 올려놓는 것, 나라는 개별을 뿌리 끝까지 뚫고 내려간 다음 개념의 단계로 격상시켜 보는 것이다.

시도는 시도로 그칠 수 있고 내 일천한 사유로 핵심은 건드리지 못하고 변죽만 울릴 수도 있다. 그렇다고 중단하거나 편한 길을 가다 엉뚱한 결론에 다다르진 않을 거라 다짐한다. 그것은 거대한 화강암을 등반하는 것과 같아서 처음엔 그냥 앞에 보이는 것부터 붙잡아야 떨어지지 않는다. 한 번에 두 가지를 붙잡으려 하거나, 움켜쥔 손에 너무 힘이 들어가거나, 힘을 주지 않고 느슨하게 붙잡을 때, 또 하나를 생략하고 그다음을 붙잡으려 할 때는 여지없이 추락한다. 홀드를 하나씩 붙잡아야 끝까지 오를 수 있는 암벽처럼 서둘지 않고 월급쟁이 회사인간의 실체를 꼭 붙들고 하나씩 규명해 나가야 나는 제대로 살 수 있다. 그와 같이 회사인간의 처음과 끝, 그 예봉에 다다르고 싶은 것이다. 전전하며 배워라, 지나가는 잡놈에게도 배워라, 개에게도 배워라. 배워 알게 되면 절벽에서 떨어져라. 그때 떨어진다면 바닥을 기어도 다시 목줄이 묶인 개가 되진 않을 것이다. 그것이 비동일성을 거친 동일성이며, 진여문(眞如門)을 지난 생멸문(生滅門)이고, 가능태에서 현실태로 옮겨가는 쉼 없는 자기 전진의 실천적 삶의 형태라 믿는다.

일생동안 일만 하고 지내다가 명령에 따라 사람을 죽였고

피할 수 없는 것이면 무엇이나 달게 받았지만

마음속 어딘가에는 손상되기를 거부했던

강인하고 씁쓸한 표정의 한 사내

- 알베르 까뮈 *Albert Camus*, 최초의 인간 중에서

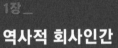

1장_

역사적 회사인간

회사인간은 죄가 없다

보편은 위대했다. 특별하지 않은 존재의 출현, 아이러니하게도 회사인간은 인간이 염원해마지않던 평등이 인류에게 선물처럼 주어졌을 때 함께 퍼진 박테리아다. 회사인간의 존재는 보편적이고 평범한 존재가 땅에서 솟은 듯 만개한 대규모 평등의 발생에서 시작한다. 존재의 평범, 평균, 단순성은 1789년 프랑스대혁명 이후 귀족과 노예가 사라진 자리에 '국민'이 들어서고 양반과 백정이 사라진 자리에 '시민'이 들어섬으로 완성됐다. 평범은 초라한 시민성으로 쪼그라들었지만, 매 맞을 일 없는 안온한 일상이 보장됐다. 18세기 산업적 노동 수요와 사회적 필요에 의해 역사의 전면에 던져진 대중은 그들 개개인이 평등하고 평범했기 때문에 가능했다. 엄격한 신분제 사회에서 월급쟁이는 존재할 수 없다. 그 사회에서는 '대중' 또한 존재하지 않는다. 대규모 생산이 요구되지 않았고 신분에 따라 각자가 해야 할 일이 따로 정해져 있었기 때문에 사람과 사람 계약을 맺고 돈으로 부릴 필요가 없었다. 생계를 위해 일하지 않더라도 무조건적 증여, 구휼 등 가족을 뛰어 넘는 마을 단위의 공동체가 먹여 살리는 구조의 신분제 사회에서는 생계형 노동이 불필요했던 것이다. 무엇보다 대규모 자본제 생산수단이 없었고 사람을 현혹시키는 '상품'이 없었다. 1789년의 역사적 전환의 의미를 폄훼할 생각은 없으나 그때의 승리는 사실상 역사에서 대중을 탄생시킨 평범의 승리였다. 당시의 프랑스 철학자 알렉시스 토크빌은 '사람들이 닮아가며 고립되고 있다'고 진단했다. 이른바 유행, 대중문화가 만들어지는 가운데 같은 취향의 사람들이 넘쳐나고 서로가 서로를 따라하며 유래 없는 동질성을 좇았다. 반면 공동체가 깨지고 마을과 부락 단위의 생활 단위는 개인과 가족 단위로 파편화 되면서 각자의 생계와 건사는 개인과 가족이 알아서 꾸려가야 하는 삶의 전면적인 개별화의 문제로 남게 된다. 일하지 않으면 살 수 없는 노동자의 처지와 일해서 번 돈으로 소비해야만 먹고 살 수 있는 소비자의 처지가 한 사람 안에 존재한다는 사실은 그 사회가 구조적으로 한 인간으로부터 축적과 잉여를 원천적으로 박탈하고 일해야 먹고 살 수 있는 인간의 원형을 만들어낸 것이다. 오늘의 월급쟁이 회사인간은 교육을 받고 대학을 졸업하면 당연하게 걸어 들어가는 수순으로써의 인간 형태가 아니라 전에 없었던 역사적 산물이다.

개념의 발견 또한 위대한 것이었다. 정갈한 사고를 위해 복잡한 예외들이 제거되고 추상화된 '개념'은 사상과 사유의 폭발적 발전을 도왔다. 개념은 동등하지 않은 사물을 등치시킴으로써 발생한다. 하나의 나무가 다른 나무와 완전히 똑같은 경우가 없는데 나무라는 개념이 나무의 개성적인 차이를 임의로 탈락시키고 다양함을 망각하게 한다. 실체적인 '그'나무는 나무라는 말에 의해 구성되고 묘사되며 측량되고 꾸며지고 오그라들며 채색된다. 마찬가지로 인간이라는 개념은 부모, 형제, 친구, 이웃, 민족으로 편리하게 묶였다. 반면 보편과 개념을 위해 자르고 베어지고 탈락된 것들의 희생은 컸다. 평범이 번식하여 특별함은 사라졌고 보편을 위해 특수들은 갈 곳을 잃었다. 개념을 위해 다채로움이 멸종된 자리에 존재적 단순함이 들어섰다. 가라타니 고진(柄谷行人)의 말처럼 '지금까지 사람들은 개인을 같은 가족으로서, 같은 민족으로서, 같은 국민, 같은 인류로서만 승인해 왔다. 요컨대 고차적인 존재를 통해서만 개인을 인정해 왔던 것이지, 개인을 단지 개인으로서 인정한 적은 한 번도 없다'는 것이다. 인간 존재의 단순화는 단번에 질긴 생명력을 얻게 되는데 그 진화적 끝자리에 회사인간은 존재한다. 평범과 보편이라는 뿌리에 회색과 시시함이 더해진 회사인간은 19세기 이후 풍요롭게 지구에 퍼져 현대 인간에서 수적으론 절대적 자리를, 문화적으론 지배적 위치를 차지하게 된다.

오늘날 통계를 가능하게 한 건 존재의 단순화다. 근대 이전의 신분 사회에서 불가능했던 여론, 통계, 대중 같은 개념이 현대에 들어 가능해진 이유는 획일화된 인간이 통계학적으로 준비됐기 때문이다. 신분이 사라지면서 인간이 단순화되고 대중이라는 개념이 생겨났다. 18세기 산업혁명과 궤를 같이 하는 역사적 인간의 출현이다. 단순화된 존재, 일하는 대중으로부터 평균적인 노동이라는 개념이 가능해진 것이다. 이로 인해 일, 노동은 노동의 거래와 시장에서 매겨지는 가치, 화폐로 측정 가능한 가격에 의해 움직일 수 있게 되면서 인간은 돈 없는 인간을 부릴 수 있게 되고 사람은 사람에게 거래되는 노동으로 값어치 하게 된다. 중요한 것은 노동이 아니라 인간 자체가 상품화됐다는 사실이다.

모든 인간은 개성이나 인격적 면모와 무관하게 다른 상품들과 함께 값이 매겨진다. 사람의 기품이나 위엄도 가격순이다. '높은 가격을 가진 인간은 진심으로 존중받고 낮은 가격을 가진 인간은 진심으로 무시된다.' 인간이 상품이라는 사실은 자본주의 사회에서 인권의 근본적 한계, 혹은 인간에 대해 합법적인 구분을 만들어낸다. 때문에 더 좋은 상품이 되기 위해 공부하고 더 높은 가격을 위해 좋은 대학에 가려 한다. 왜냐하면 그것이 곧 높은 상품성을 보장받을 수 있는 길이기 때문이다. 지식의 종류와 습득하는 방식과 사용하는 용처는 그 자신이 인간과 사회를 어떻게 바라보느냐와 직결된다. 경영학을 배우고 우수한 점수를 받고 기업에 취직해 깨어 있는 시간의 반을 기업을 위해 일하는 사람과 반면, 일하지 않고 인간과 세계의 근원적 질문을 파헤치며 공상하는 사람은 동시대에 살지만 다른 인간인 것이다. 후

자로 밥 벌어먹는 인간은 희소하다. 전자는 바로 회사인간인데, 지금 회사에 목을 내놓고 굴욕으로 밥벌이하는 이유는 훗날 행복하기 위해서라고 강변하며 매일의 시계추를 '회사'에 맞추고 무섭도록 철저한 자기 검열 안에 살고 있는 사람이다.

그들의 꿈은 늘 박멸 당한다. 평범한 대중은 비범을 꿈꾸고 행복을 집요하게 요구하지만, 대중문화에 의해 간접적 마스터베이션으로 늘 마무리되면서 꿈은 접힌다. 그리하여 대중은 불만이 내면화된 집단이 된다. 회사인간은 사회와 대중 사이, 산업과 시민 그 언저리에 서식한다. 구조주의적 입장에서 보면 개별적인 회사인간의 한계는 그의 잘못도 아니고 불찰 또한 아니다. 19세기 이후 진행된 자본주의적 민주주의와 평등 사회로의 역사적 이행은 개별적이던 인간의 삶을 대중과 보편의 세계로 완전히 편입시킴으로써 광범위한 불행을 선사했던 것이다. 회사인간은 죄가 없다.

쓸모라는 농담

　　　　　　　　　　　'시골 가서 농사나 짓고 살지 뭐. 설마,
여기보다 힘들라고.'

　　그의 상사는 그를 두고 쓸모없다는 시그널을 오래전부터
보내왔다고 했다. 오십 줄을 바라보는 나이에 그는 뭘 그리 잘못
했는지 그 언저리 비슷한 연배인 임원에게 요새 늘 닦인다. 그
의 상사는 언제부턴가 아랫사람이 보는 앞에서 그를 무시하거
나 언성을 높이는 일이 잦아졌다. 그는 부쩍 힘들어했다. 20년
을 훌쩍 넘긴 월급쟁이 경력에 웬만한 지랄에도 끄떡없는 맷집
을 가진 그였다. 상사의 고함이 그를 힘들게 했을 리는 없다. 아
니나 다를까 그가 힘든 이유는 쓸모없는 인간이라는 게 사실일

수도 있겠다는 자각 때문이었다. 위로한답시고 했던 이런저런 말끝에 시골 가 살겠다는 월급쟁이 빤한 거짓말이 나온 것이다.

'인간을 일하고 분주하게 움직이도록 하는 모든 것은 희망을 이용한다. 그러므로 단 한 가지 거짓되지 않은 사고는 열매를 기대하지 않는 불모의 사고다. 삶의 가치는 그것의 불모성에 의해 측정된다.' 까뮈(시지프 신화)의 말처럼 회사인간이 결국 쓸모를 잃고 버려지게 되는 이유는 그와 우리의 잘못이 아니다. 그가 쓸모없다고 여기는 자각이야말로 쓸데없는 것이다. 쓸모라는 짙은 농담, 쓸모 없어진 회사인간은 유죄라는 자책의 근원을 만유인력으로 거슬러 올라가면 무죄가 판명될 것인가. 갈려지고 버려지는 월급쟁이들과 함께 크리스마스이브의 스크루지 영감처럼 그의 손을 잡고 18세기 영국으로 간다.

극동에 사는 월급쟁이의 원류를 서양의 근대 유럽에서 찾았던 이유는 오늘 월급쟁이가 초창기 자본주의 아래에서 만들어진 전통적 노동자의 현대적 모습이기 때문이다. 나아가 초창기 자본주의는 서유럽 봉건제가 무너진 자리에서 세워졌으니 그 정체성으로 따지자면 내 조상은, 그러니까 월급쟁이 뿌리는 무리해서 끌어들이면 봉건제 농노라 할만하다. 틀린 말이 아닌 건 현대 인류의 대부분은 자본주의사회에 살고 있으니 과연 그렇다. 자본주의 시대 월급쟁이의 공통 조상은 왕정의 신분제 사회였던 조선의 양인이나 노예가 아니라 자본주의를 잉태한 유럽 봉건제 중세의 농노들인 것이다. 덧붙이면 역사적 관점에서 봉건제 유럽의 농노와 오늘 회사인간과의 거리는 조선 시대의 '상놈'과 나와의 거리보다 가깝고, 사회 계급적 관점에서는 지금 한국 부자와 나와의 거리보다 가깝다. 요컨대 지리, 문화적으로는 조선의 천민이 나와 가깝지만, 사회, 경제적으로는 유럽의 농노가 더 가깝다는 말이다.

역사적으로 볼 때 중세와 근대를 나누는 전환은 유럽의 30년 전쟁으로 보는 관점이 지배적이다. 자본주의의 출현 또한 30년 전쟁 이후 본격화되며 국가 개념의 출발 또한 유럽의 30년 전쟁을 기점으로 해석하는 역사학자들이 많다. 30년 전쟁으로 인해 인간을 세속주의와 분리하던 신적 세계관이 정치적 생명력을 다했다고 보기 때문이다. 보헤미아 신교도 반란을 계기로 1618

년 30년 전쟁은 시작된다. 유럽 최후, 최대의 종교전쟁으로 1648년까지 이어진다. 국경이 모호하던 유럽 각국이 가담하면서 각자의 이해관계를 계산한 뒤 정치를 전면에 앞세우며 국제전으로 비화하는데 이 전쟁의 종식으로 새롭게 국경이 그어진다. 교황을 비롯한 종교적 영향은 사라지고 세속주의 근대국가가 시작됐다. 국가 대 국가의 공식적인 글로벌 무역과 관세, 비관세 장벽의 신설 등 회사, 기업 시스템의 현대적 개념이 여기서 출발한다. 잔학한 노예 거래와 피로 얼룩진 살육의 대서양 삼각무역도 이 시점에 성행하며 국가적인 부의 축적이 이루어지고 대규모 '자본'을 만들어낸다. 회사인간은 이 지점에서 본격적으로 양산된다. 더하여 1628년 런던에 1350년에 유행했던 페스트가 다시 퍼지면서 런던 인구는 반으로 감소하는데 급격히 줄어든 노동력은 산업혁명과 도시화, 임금노동자 계급의 확산에 불을 지폈다. 또한 1632년 갈릴레이 갈릴레오의 지동설을 시작으로 급격하게 발달하기 시작한 17세기 자연과학으로 18세기 산업혁명의 방아쇠만 당기면 인류문명이 또 한 번 폭발할 것 같은 일촉즉발의 환경이 만들어지게 되는데 마침내 역사적으로 범인류적인 회사인간의 탄생을 위한 모든 준비 작업이 마무리된 셈이다.

18세기 영국, 상업의 발달로 상품 수요가 폭발적으로 늘어나고 있었다. 시장엔 신기한 물건들이 넘쳐나고 거리엔 사람들이 넘쳐난다. 메트로폴리탄이 탄생하는 시기, 이른바 산업혁명으로 전에 없는 매뉴팩처 번성이 눈을 뜨던 때다. 땅에서 솟아난 듯 인구도 늘어났다. 수요를 따라가지 못했던 상품은 당시 필수품이었던 양모 가격의 급등을 부추겼고 지주 귀족들은 공유지[1]와 농노들의 땅에 양을 키우기 위해 울타리를 쳐버린다. 유명한 인클로저(enclosure), 울타리 치기다. 땅에서 쫓겨난 농민들은 도시로 흘러든다. 때맞춰 도시 공업지역의 노동수요가 폭발하며 노동대중을 양산해 내는데 18세기 영국, 길 잃은 농노들의 도시행이 바로 오늘 월급쟁이 회사인간의 근대적 조상이다. 그 배고픔과 고단함이 월급쟁이 종족들의 물적 토대다.

도시로 몰려든 농민 중에는 전통적인 삶에 대한 향수와 그리움으로 '엄격한 규율 아래 가혹한 노동을 수행하는 공장 생활을 거부하고 걸인이나 부랑자 생활을 하는 경우도 많았다. 국가

---

1 당시 농노의 땅이었던 농지가 1/3, 영주의 땅이 1/3, 공유지가 1/3이었다. - 리오 휴버먼, 《자본주의 역사 바로 알기》 중에서

는 부르주아의 이해를 대변하여 이 역사의 훼방꾼들을 냉혹하게 처리한다. 구빈법(Poor law)은 노동능력이 있는 걸인이나 부랑자가 적발되면 공개 태형에 처하고 감옥에 가두고, 귀를 자르고 죽이도록 했다. 대개의 사람이 노동자로 살아가는 일을 너무나 당연히 여길뿐더러 다만 안정적이기만을 소망하는 세상은 그렇게 머리에서 발끝까지의 땀구멍에 피와 오물을 흘리면서 태어난다.'[2]

---

2 에릭 홉스봄 《혁명의 시대》일부, 김규항 《혁명 노트》에서 일부 인용함.

'귀가하는 노동자들' 〈에드바르 뭉크 (1863~1944) 1915년 作, 오슬로 뭉크 미술관 소장〉

오늘 당연히 여기는 월급쟁이들의 근면과 성실의 '쓸모'는 사실 이때의 가혹한 처벌과 강요가 만들어낸 야만의 자식이다. 비노동은 반사회였고 반사회적 인간은 무용하다는 생각은 이때부터 생겨난다. 인간은 쓸모로 재단되기 시작했다. 쓸모없는 인간은 짓이겨 버려지고, 쓸모 있는 인간들은 소모되어 버려졌다. 쓸모가 있든 쓸모가 없든 쓸모로 인해 버려졌다.

지금은 그때와 다르다고 아무도 말하지 않는다. 적당히 사무적이되 친절해야 한다. 자본주의 매너를 몸에 두르고 앉아 자신의 쓸모를 끊임없이 드러내 보여야 자신도 안심하고 남들도 인간 취급을 한다. 아, 모두가 불행으로 폭주한다. 그 불행은 시간의 부피를 가지고 있어서 오늘 박 과장의 행복하지 못했던 기분은 내일과 모레도 다르지 않을 거라는 걸 우리는 안다.

노동은 신성한가? 세상은 그렇다고 말한다. 회사인간의 입장에선 쉽게 긍정할 수 없는 말이다. 왜냐하면 만약 노동이 신성하다면 인류의 가장 신성해야 할 사람은 노예였어야 했다. 삶을 떠받치는 건강한 노동, 그런 건 믿지 않는다. 신성한 노동, 만약 그런 게 있다면 뼈 빠지게 일하는 모든 사람은 삶의 벼랑으로 떨어지거나 죽지 않았어야 했다. 대부분 모든 영역에서 노동은 누군가 시켜서 하는 일이 되었다. 거의 모두가 누군가의 일을 하지 않으면 먹고살기 어렵게 됐다. 반대로 내가 하고 싶은, 나의 일을 하면 먹고사는 게 힘들어진다. 그렇다고 일하지 않으면 살 수 없다. 지금 18세기 구빈법의 적용을 받던 초기 자본주의 시대 삶을 지향한다면 귀가 잘려 나가는 대신 궁핍과 가난에 가차 없이 걸려들게 되어있는 것이다. 그러므로 자본주의적 일상, 부지런히 일하게 되면 자유로운 인간임을 포기해야 하는 것이 현실이 되었다. 거칠게 말하면 남의 일을 해서 영혼이 죽든지, 나의 일을 고집해서 굶어 죽든지 둘 중 하나다. 일하는 사람은 쓸모로 갈려지는 구빈법의 시대 같이, 어쨌든 죽게 되어 있는 게 이 시대 세팅 값이다. 시대와 구조가 만든 세상의 '쓸모'를 향해 어릴 때부터 강요받고 죽을 때까지 돌진한다.

가끔 누군가 이런 상황에 환멸을 느껴 모든 걸 내던지고 느리고 생태적인 삶으로 돌아가려 한다. 시골의 전원적 환경과 이 미친 쓸모에서 놓여나는 해방감을 선택하고 싶어 한다. 그러나 그마저도 한평생 얼마간 벌어놓은 잉여 재산이 있는 사람들의 한가한 상상이다. 없는 사람이 시골에 내려가 느리고 생태적 철학을 구현하고 산다면 '시스템의 적정한 처벌로' 당장 생존의 위협부터 당할 것이다. 애석하게도 우리는 저 역사적인 '쓸모'의 파놉티콘(Panopticon)[3] 에서 풀려날 수 없다.

이를 이해한다면, 노력했지만 취업이 되지 않는다고 자책하거나 오래 다닌 회사에서 쓸모 없어졌다고 자신을 책문해선 안 된다. 그것은 나의 잘못도 아니고 우리의 잘못도 아니다. 그것은 나 아니면 누군가 그 형태 속으로 들어갈 수밖에 없게 만들어 놓은 시대의 필수 입력 값이다. 그 형태는 계급과 동류를 이룬다. 계급이라는 용어에 사람들은 거부감을 느끼지만 회사인간의 입장에선 엄연하다. 조금이라도 삶의 역경이 닥치거나 잘못하면 늘 삶의 밑바닥 계급으로 떨어질 걱정을 안고 사는 것이 월급쟁이이므로 어떤 일을 하고 있는지, 얼마의 월급을 받는지는 육체에 명철하게 새겨진 하나의 계급임을 부인할 수 없는 것

---

3 18세기 영국 철학자이자 법학자인 제러미 벤담이 제안한 감옥 건축양식. 원형의 건물 한중간에 소수의 감시자를 두고 수형자는 볼 수 없게 하여 모든 수감자를 드러내지 않고 감시할 수 있는 형태의 감옥

이다. 세상에서 가장 부유한 자 중 하나인 미국의 워런 버핏이 계급에 관해 말한 적이 있다. 그는 "계급 투쟁이 현재 세계와 들어맞지 않는다는 생각은 단지 한 계급의 일방적 승리 상태가 만들어내는 착시"라 했다. 그 자신은 상위 1%의 자본가 계급에 해당함을 자인하며 확연한 계급 구조의 실체를 반증했는데 중요한 것은 그가 상위 1% 부자라는 사실이 아니라 1% 외의 인간들은 늘 자신의 육체와 능력을 놓고 쓸모를 고민해야 하는 계급적 자각이 없거나 불필요하다고 생각하는 사실이다. 계급은 사회의 구조가 만든 형태이므로 그 '사회적 형태'의 변화를 근본적으로 사유하고 대안을 만들어 가는 것이 좋은 사회의 출발이다. 다수의 사람들이 쓸모라는 불안함에서 해방되는 길이다. 그렇지만 이런 얘기조차 여전히 현실에서는 쓸모없어져 버리고 마는 것이다. 어쩌지 못하는 회사인간에겐 멀고 먼 이야기가 되고 만다. 다만, 거지같은 '쓸모'를 누가 찬양했건 말건 싱거운 농담처럼 무시하고 나만의 일을 찾아 그 속으로 뚜벅뚜벅 걸어 나가는 인간의 길을 가게 되기를 힘겹게 바랄 뿐이다. 세상의 월급쟁이 회사인간들이 쓸모를 걷어차고 함께 손잡는 날은 올 것인가.

이 사람을 보라

　　　　'자기 스스로 어떠한 결정도 내려 본 적 없었고 명령으로 둘러싸이도록 항상 극단적으로 조심했으며 자발적 제안조차 원하지 않아서 항상 지시해 주기를 바란 사람'.

　　유대인 학살을 지휘했던 '아돌프 아이히만'에 대해 철학자 한나 아렌트가 내린 평가다. 1960년, 나치스의 악명 높은 아돌프 아이히만이 아르헨티나에서 이스라엘 정보부에 붙잡혔다. 한나 아렌트는 1961년 12월 예루살렘에서 진행된 전범 재판의 전 과정을 르포 형식으로 취재하며 '예루살렘의 아이히만'을 썼다. 그녀가 보기에 아이히만은 피에 굶주린 악당이 아니었다. 수십만 명을 산 채로 죽였던 그는 실제로 저지른 악행에 비해 너무 평범했고, 우리 주변 어디서나 볼 수 있는 중년 남성이라는 사실에 충격을 받는다. 아이히만은 특별한 인간이 아니었다. 재판에서 아이히만은 '나는 명령에 따랐을 뿐'이라는 말만 되풀이했고 '명령은 지키는 것이 도리'라고 항변했다. 그녀는 책의 말미에서 악의 평범성(Banality of evil)이 본 재판의 유일한 교훈이라 말하며 자신의 의견과 생각하기를 버린, 더 이상 사유하지 않는 자들이 맞닥뜨리게 될 대파멸을 경고한다.

아이히만에 회사인간을 포갠다. 내가 만약 아이히만이었다면 모든 명령을 거부하고 커다란 피 웅덩이 안에 발가벗겨진 채 총구가 겨눠진 사람들을 살려낼 수 있었겠는가. 추궁의 화살이 내게로 돌려지는 순간 법정에 선 아이히만은 나로 바뀐다. 법정의 풍경은 애초에 변형이 가능한 질료였던 듯 무너졌다가 다시 세워지길 반복하며 80년 후 오늘로 재구성 된다. 나는 죄수복을 입고 고개를 숙이고 있다. 누군가의 지시를 따르고 생의 모든 시간을 지시를 따르는 데 썼고 지시에 따른 대가로 받아간 월급이 가족을 살렸는데 그 삶 전체를 부정해야 하는 거대한 법정에 선 것이다. 나는 조직의 명령체계에 있었고 성실하게 수행했다는 사실에서 그와 표면적으로도 본질적으로도 다르지 않다.

회사인간은 세계의 부조리와 세상의 비합리에 무심하다. 상사의 명령에 재빨리 반응하고 정해진 기한에 보고를 마치는 건 신앙인이 지키는 계율과도 같다. 회사에서 상사의 지시는 법이고 곧 죽어도 해내야 하는 과업이다. 무리해서 말하면, 오랜만의 휴일 가족 나들이에 급한 일이 생겨 회사로 들어오라는 명령에 군말 않고 가족을 남겨둔 채 서두르는 월급쟁이와 수만 명이 절규하는 가스실의 버튼을 하품하며 누르는 아이히만이 내 눈엔 달라 보이지 않는다. 중요한 것은 생각 없는 아이히만도, 회사에 목숨을 건 월급쟁이도 비난할 자격이 내게 없다는 사실이다. 무엇이 자신을 헌 신처럼 내던지고 삶의 모든 가능성을 다른 사람의 명령으로 둘러싸게 만들었는가? 한나 아렌트는 책에서 의미심장한 복선의 문장을 남겨 놓는다. '모든 사람 또는 거의 모든 사람들이 유죄인 곳에서는 아무도 유죄가 아니다'

현대는 노동의 시대고 근면의 시대다. 우리는 주어진 시간 동안 누가 더 빨리 일을 해치우느냐로 평가받는 시대에 살고 있다. 이를 일러 니체는 '현대적이고 소란스럽고 시간을 모조리 써버리면서도 자부심에 차 있는, 어리석은 자부심을 가진 근면'이라 일갈하며 인류에게 가장 해로운 인간 군상이 바로 회사인간임을 비틀어 말했다. 니체의 우려와 아이히만의 생각 없음을 믹서기에 넣고 절묘하게 돌려내면 현대적 회사인간의 볼품없는 시민성이 갈려 나온다. 두 사람은 월급쟁이의 지금과 가장 근거리에 인접한다. 한 사람은 무사유로 시간을 허송하는 인간을 우려했고 다른 한 사람은 생각 없는 평범성도 악의 끄트머리에 닿을 수 있다는 걸 보여준다. 우리는 누구나 니체의 우려와 아이히만의 어리석음 사이 어딘가에 있다.

나는 회사 업무와 자기성장을 연결 짓는 세상의 말들을 이젠 믿지 않는다. 자본의 적나라한 형태인 펀드 회사가 클릭 몇 번으로 회사를 사들이고 또 팔아댄다. 사고 팔리는 회사 안에서 한자리 차지하며 일하고 있다는 사실을 스스로 소명할 수 없다. 내가 하는 일은 결국엔 금융 자산가들의 배를 불리는 하수인 역할에 지나지 않을 텐데 현대판 마름에 지나지 않는 일을 하며 자기성장이라는 열매를 맺는다면 그 열매는 내게 탐스러울 것인가?

회사, 기업이라는 집단이 근본적으로 추구하는 목적, 목표에서 나는 어떠한 정당성도 보탤 수 없는 것이다. 나는 스스로 월급과 맞바꾼 삶치고는 모욕적인 배역이라 늘 생각한다. 월급쟁이 정체성을 가지고 있는 한 아이히만이 되지 않기 위해 매일 몸부림친다. 생각 없이 스스로를 일상의 평범성으로 밀어 넣으며 잔인한 웃음을 짓고 싶진 않은 것이다. 그렇다면 아이히만이 되지 않기 위해 부당한 명령은 거부하고 스스로 판단하며 그 판단을 실제 행동으로 보여줄 수 있는가? 까뮈는 부조리한 삶은 살 가치가 있는가를 묻고 추론되는 대답에 따라 실제 자살을 대비했었다. 살 가치가 없다는 결론이 나오면 자신은 곧바로 행동하리라 선언했던 까뮈는 화려하게 차려진 저녁식사 자리에서 자살을 논했던 쇼펜하우어를 버러지로 봤는데 자살로까지 몰아가는 그의 사유의 파괴력에 압도된다. 그 엄정한 태도를 그대로 가져와 무서운 밤의 파괴력 앞에서 나는 아이히만이 아닐 수 있는가를 다시 물으면, 대답하지 못하고 질문에 무릎 꿇게 되는 것이다.

누구의 명령도 거부하고 스스로 판단하여 행동하는 것은 주인의 도덕이다. 그 반대편에 있는 평균성, 평범성은 곧 노예의 도덕이다. 모든 회사인간은 자발적으로 평균성에 미끄러져 들어간 노예다. 사회의 구조와 형태가 회사인간을 부조리로 밀어 넣었지만, 비록 침묵을 예견했더라도 세계를 향해 묻지 않았고 부조리를 인지하고도 스스로 그 정체성을 죽이지 못한 죄는 확연하다. 아이히만에 돌을 던질 수 없다. 회사인간이 죄 없다는 앞선 말을 고쳐야겠다.

노예의 도덕

　　누군가 노동과 노예의 차이를 물었던 적이 있었다. 얼른 대답을 못하고 고민하는 나를 제쳐두고 그는 성급하게 말을 이어가더니 결국엔 주인의식을 침 튀기며 논했다. 그 대화들을 대수롭지 않게 넘겼고 머릿속에서 얼른 지웠지만 내내 석연찮다. 노동절에 일하는 노동자가 전체 노동자 가운데 30%라고 한다. 주인의식이라는 가면을 쓴 노예의 모습을 본 것 같았는데 주인의식을 뒤집어 쓴 그 모습이 이 시대 월급쟁이들의 도덕으로까지 격상된 이유는 무엇일까 궁금해졌던 것이다.

　　주인의식은 마름이 하는 생각이다. 주인은 주인의식이 필요 없다. 주인의식은 주인 아닌 자들이 주인을 대리해 일을 도모

해야 할 때 생겨난다. 주인의식은 자신이 노동자라 생각하지 않는, 주인에 버금간다 여기는 고급 노예들의 생각이다. 주인이 누구인지 의식하는 것이 주인의식이라는 우스갯소리는 슬프다. 그것은 주인의식을 외치는 자들에게 보내는 안쓰러운 한계에 대한 조롱이다. 오직 고급 노예만이 주인의식을 가질 수 있다는 말이다. 로마인들에 따르면 노예는 '제 운명을 스스로 결정할 수 없는 자'이다. 로마 시대는 물론 근대 이전의 경제활동에서는 주인과 노예가 엄격하게 구분된다. 근대 이후로 들어서면 사회 계층적 경계는 흐릿해지지만, 심층적 관점에서 계급은 여전히 존재한다. 다만 주인의식이 함양된 자발적 노예가 많아져 제 자신을 노예로 여기지 않는 자들이 됐을 뿐이다. 이쯤 되면 월급쟁이 회사인간의 제일 큰 적은 자본가도 아니고, 정부도 아니고, 어쩌면 같은 월급쟁이인지도 모른다는 생각에 이른다. 구체적으로 말하면 더 많은 월급을 받는 월급쟁이와 계층적으로 상위에 있는 월급쟁이다. 명령을 받던 자가 비밀을 가진 자가 되고 시킨 일을 하다 비밀을 다루게 된 월급쟁이로 되는 순간, 다른 월급쟁이를 더 악랄하게 쥐어짜기 시작하는 것이다. 노동자에 의한 노동자의 자폐적 착취 같은 것. 실제 상위 1~2% 임원급은 20%가량 노동자의 착취를 통해 안온한 삶을 보장받는다. 그 아래 20% 가량의 노동자[4]는 나머지 80% 노동자의 더욱 심화된 착취를 조건으로 중산층화 된다.

'흑인은 흑인이다. 그런데 일정한 관계들에서 그는 노예가 된다'고 마르크스가 말했을 때 노예는 흑인의 속성이 아니라 관계 안에서 작동되는 것임을 간파했다. 그것은 누구든 관계에 의해 노예가 될 수 있는 가능성이다. 나는 한사람의 인간이지만, 관계 안에서 월급쟁이가 되고 회사인간이 되는 순간, 순식간에 다른 존재가 된다. 그때는 아무리 생물학적 인간류의 특성을 가진다 하더라도 나는 노예와 다름없다. 사실상 가축이 된다. 현대 사회는 어쩌면 범람하는 가축인간의 사회인지도 모른다. 고대 그리스와 로마 제국 그리고 노예해방 이전의 미국 남부, 조선 초기 같은 전통적 노예제 사회에서 노예의 비율은 전체 인구의 30% 수준이지만, 오늘에 이르면 국민 대부분의 사람이 임금

---

4 20%의 노동자는 현재 한국 전체 임금 노동자 중 대기업 정규직 및 공공부문 정규직 노동자 비율이다. 고용형태공시제에 따르면 2021년 2월 현재 300인 이상 대기업 정규직 노동자가 300여만 명이며, 일자리행정통계에서 공공부문 정규직 노동자는 160여만 명으로 총 460여만 명이다. 전체 임금노동자 수는 2천만 명이 조금 넘으니 20% 남짓이다. 20%는 조선시대 전체 인구 중 양반의 비율이기도 하다. ─김규항

을 받는 노예다. 주인은 자본이고 이 체계는 극단적 형태의 노예제 사회인 셈이다. 노예제 사회에서 노예는 두 가지 소망을 갖는다. 고급 노예가 되는 것과 친절한 주인을 만나는 것. 전자는 이미 오늘날 부모들의 소망이자 교육의 목표가 됐고, 후자는 노예가 친절한 주인을 만나면 스스로 노예임을 자각하지 못하게 돼 철저한 구조 속에 매몰된다. 회사인간은 저 두 가지 노예의 소망 그 사이 어딘가에 있다. 결국 '자유인', 자유로운 회사인간의 출발은 자신이 노예임을 자각하는 노예로부터 시작되는 것이다.

20세기 초, 미국의 자동차 왕 헨리 포드는 노동자에게 머리가 달려 있음을 불평했다. 그는 대량생산방식의 초석을 다지며 현대 경영을 잉태한 자로 여전히 추앙 받는다. 그의 불평은 발전을 거듭한다. 오늘에 이르면 모든 생산과 분업화 작업은 혁신이라는 이름으로 불리고 일 하는 사람들로부터 머리가 없어도 모든 일이 가능하게 했다. 회사인간은 혁신이라는 이름이 익숙하다. 나 또한 세상의 프로파간다를 알아채지 못했고 개인적 감투와 조직적 추앙에 취했었다. 나는 고백한다. 자기계발, 학습, 진보, 획득에 몰입했었고 조직의 혁신은 확장된 자기계발에 지나지 않았다. 혁신이란 것은 비록 월급이 궁하다는 실존적인 목적이 있다 하더라도 내가 스스로 존중할 수 있는 바는 아니다. 설사 그 길을 가는 중에 얻게 되는 깨달음이 있더라도 그 길을 가지 않음으로써 얻는 무지보다 나을 게 없을 것 같다. 생산 영역에서뿐만 아니라 교육 수준이 가장 높은 자들이 물건을 '얼마나 많이 팔지'만을 고민하게 하고 그 고민이 삶의 전부가 되도록 만들었으니 주인의 승리라 불릴 만하다. 이른바 임금 수준이 높은 고급 노예를 구분했고 주인과의 대등함을 넘어, 자신이 바로 주인임을 자각하는 노예를 만들었다. 보다 생산적이고 보다 창의적일 것을 요구하며 일부 선진적이라 일컫는 회사는 필요하면 노동시간을 대폭 줄이는 것도 마다하지 않는다. 오히려 권유하기에 이른다. 그렇게 하여 얻어진 이문이 비용을 능가하기 때문이다. 이렇게 그들은 주인의 논리를 교묘하게 선취하고 자본 아래 그 구조를 공고히 한다.

노동의 메커니즘은 이 사회를 떠받치는 경제의 근간이다. 학교에서 줄기차게 배운 경제 3요소 토지, 노동, 자본 중에 으뜸이다. 내 아이 학원비도 내게 하고 오늘 저녁 식탁에 오른 고등어로 가족의 배도 불린다. 그럼에도 미래는 불안하다. 반복되는 업무는 지겹고, 누군가 시켜 하는 일은 굴욕적인 것이어서 매일 아침 일터로 향하는 어깨는 무겁기만 하다. 하루를 패배하며 시작하는 월급쟁이에게 노동은 양가적이다. 될 수 있으면 적은 시간을 일하고 가능하면 많은 임금을 받고 싶어 한다. 그러나 수없는 야근과 철야에 일한 만큼의 대가만이라도 바라는 건 욕심이 된 지 오래다. 역사적으로 우리는 과연 시간에 맞는 보수를 받고 있는 것일까. 한나 아렌트가 '인간의 조건'에서 내세운 주장에 따르면 중세시대 사람들은 일 년 중 반 정도만 일을 했다고 한다. 공휴일은 141일이나 되었다고 설명하며 영원히 노동으로 고통 받는, 일하는 현대 인류, 회사인간을 향해 경고의 메시지를 보낸다.

"앞으로 다가올 자동화의 위험은 자연적 삶을 훨씬 더 파탄시키는 기계화와 인공화가 아니라 삶의 인공성에도 불구하고 모든 인간의 생산력이 매우 강렬한 삶의 과정 속에 흡수되어 수고와 노력 없이 자동적으로 영원히 반복되는 자연적 순환을 따르게 될지도 모른다는 점이다. 중세시대 사람들은 일 년 중 반 정도만 일하였다. 공휴일은 141일이나 되었다. 평일의 기하급수적인 확대는 노동자들이 새로도입된 기계와 경쟁해야만 했던 산업혁명 초기의 특징이다. 산업혁명 이전 15세기에는 근로시간이 영국에서는 총 11시간에서 12시간이었으며 17세기에는 10시간 정도 되었다. 간단히 말하면 19세기 전반의 노동자들은 그 이전 세기의 가장 빈곤한 계층의 사람들보다 더욱 열악한 조건에서 살았다. 우리 시대가 달성한 진보의 정도는 일반적으로 과대평가 된 것이다."

사실을 보충하면 13세기 영국의 농노는 일주일에 31시간 노동했다는 기록이 있다. 리오 휴버먼은 '자본주의 역사 바로 알기'에서 농노는 제 경작지에서 노동하는 3일 동안 관리나 통제를 받지 않았고 경작지에 대한 점유권과 상속권도 농노가 가졌다고 전한다. 말하자면 농노는 일일 5시간 노동에 무상 제공되는 주택과 평생 고용이 보장된 정규직으로서 주택과 고용을 자식에게 대물림했다. 또한, 농한기 몇 달은 일하지 않았고 종교적인 행사와 마을 축제에도 자율적으로 참여하며 여유를 보냈다. 무엇보다 오늘 회사인간이 가지는 미래에 대한 불안이라는 게 없었다. 오랜 역사적 사실을 덧붙이면, 3,200년 전 대규모 토목

공사로 혹독했던 람세스 2세 시대 석공들도 일주일에 이틀은 일하지 않았다.

회사인간의 삶은 역사적으로 결코 우월하거나 진보되지 않았다. 나는 월급쟁이다. 18년을 회사인간의 정체성에서 벗어나 본 적이 없다. 늘 노동했고 월급으로 생활했다. 생활, 이 평범한 말이 실은 얼마나 무시무시하고 징그러운 말인지 나는 안다. 단지 살기 위한 단 하나의 목적이 내 모가지를 움켜잡고 옴짝달싹 못 하는 에반스 매듭[5]으로 매일을 조여 왔는데 거기에서 벗어날 방법을 몰랐고, 지금도 모르고, 앞으로도 모를 것 같다. 그렇다고 대중적 '소확행'에 안주하여 쪼그라드는 삶은 못마땅하다. 반복의 지겨움, 지시에의 굴종, 미래에 대한 두려움에 빠져 지낸 지난한 내 월급쟁이 회사인간의 정체성은 길항하는 두 가치, 내 안의 자유인과 외화된 노예는 화해할 수 없는 것일까?

수많은 자기계발서는 이 질문에 화려하게 대답한다. 칸트

---

5 스스로 목숨을 끊거나 교수형을 집행할 때 대부분 이 매듭을 쓴다. 한번 중량을 받으면 그 무게로 인해 더 강력하게 조여지는 매듭이다

의 정언명령 같은 결론을 이미 내리고 희망을 사주하며 끝내는 자기계발이라는 지점에서 수많은 회사인간들은 좌절하고 엎어진다. 자기계발을 주술처럼 여기는 사람들 또한 회사인간이다. 무엇이 모자라 더 나은 자신이 계발되어야 하는가를 물으면 자기계발이라는 말의 허황됨을 자각하게 된다. 자기계발은 회사가 잘되어야 나도 잘된다는 순응 상태를 뛰어넘어 회사인간이 자신에 대한 주인의 고민과 수고를 분담하는 일이다. 내가 더 효율적으로 착취될 수 있도록 더 많은 잉여가치를 뽑아낼 수 있는 나의 지적, 신체적 상태를 유지하도록 노력하는 일이다. 노예가 자신을 채찍질할 권리를 갖는다고 해서 주인이 되는 건 아니다. 자기계발은 누군가의 충고나 조언에 의해 완성되는 게 아니다. 자신 스스로가 하는 것이다. 중요한 것은 보편적인 요령으로써의 처세술이 아니라 자신의 길을 가는 중에 겪게 되는 풍부한 삶의 경험 외엔 출구가 없다는 것을 깨닫는 것이다.

요컨대 역사적 구조주의가 하사한 면죄부로 인해 회사인간은 역사 앞에 그 탄생과 전개 과정에서 태생적이고 존재적으로 죄 없음을 판결 받았다. 회사인간의 굴욕은 무죄다. 가슴을 쓸어내리지만, 마음 한구석엔 알 수 없는 불편함으로 여전히 개운하지가 않다. 사는 문제가 남았기 때문이다. 우리는 묻지 않을 수 없다. 높은 가격의 인간이 고귀한 인간이 되어버린 세계와 그것이 전진하는 세계의 본령으로 여기는 사회에서 온전하고 의젓하게 사는 것이란 무엇인가? 상품이 아니라, 노예가 아니라 특별하고 개별적인 인간으로서, 이 세계에 살아야 할 가치를 묻는 건 허망한 일인가? 그렇다면 회사인간은 어떻게 살아야 하는가? 이제 철학자들의 해답을 들어볼 차례다.

절대로 가격을 흥정할 수 없는 것이 하나 있다. 삶.

운명이 부여하는 찬스, 살거나 죽을 기회

그것을 놓치지 말라

– 산도르 마라이, 하늘과 땅 중에서

2장 _

회사인간의
철학적 해석

아버지의 아버지의 아버지부터

우리는 언제나 표면을 본다. 표면은 살아있기 때문이다. 살아있기 때문에 활발발(活潑潑)하고 그래서 구체적이고 현장성이 충만하다. 깊이는 그라운드에서 시작한다. 우리가 깊어지기를 원한다면 표면을 바로 볼 수 있어야 한다. 현장을 가지고 있다는 말은 세계를 볼 수 있는 근사한 방편 하나를 가지고 있다는 말과 같다. 그리스인들이 삶의 표상을 사랑한 이유가 여기에 있다. 내가 바라보는 세계는 내 정체성을 규정한다. 피상적이고 천박하고 수치와 부끄러움으로 점철된 삶의 표면에 내가 원하는 것들이 촘촘히 박혀 있는 것이다. 현실의 비인간적인 면 때문에 인간은 위대해지는데 이러한 현실을 보잘것없는 것으로 평가 절하한다는 것은 곧 인간 자신을 평가 절하하는 것이 된다. 드러나되 깊은 심연을 가진 것, 그것은 회사인간의 질박한 현장이다. 회사인간의 저열한 조직 논리와 현상들은 세상이 제 본 모습을 드러내는 표상이다. 그것을 간파하면 그것이 나타나게 된 충동을 알아낼 수 있다. 그 충동의 심층으로 내려가 채굴하면 월급쟁이 회사인간의 본래면목, 정체성이 모습을 드러낼 터, 굴욕을 참아내는 분노, 행복을 위해 불행을 선택한 역설, 천박한 물신성의 욕망, 허구와 환상에 자기 삶을 송두리째 갖다 바치는 부조리, 자유를 두려워하는 노예성 말이다.

변신, 변화, 혁명은 정초 된 정체성을 밟고 일어서서 완전히 다른 정체성을 만든다. 월급쟁이 회사인간은 언젠가 밟고 일어나야 할 내 정체성이다. 우리는 아직 현장이 필요하다. 현자인 체하며 먹고 살 일을 걱정하는 사람들, 출근을 증오하지만 출근하지 못해 안달하는 사람들, 일하기 싫지만 일하지 못해 안달하는 사람들, 그 사람들 속의 나, 그 안에서 보고 듣고 느낀 기이함을 버려선 안 된다. 수많은 자기계발의 스승들은 강한 자의 정신을 강조했다. 노예적 삶을 청산할 줄 아는 자들로 세상이 덮이기를 바랐다. 요원한 일이다. 살아보지 않고 자득되는 건 없다. 세상은 요약할 수 없다. 눈에 보이는 모든 텍스트는 요약과 편집과 축약이지만 삶은 요약할 수 없는 것이다. 한 줄 가십으로 엮어내는 신문과 뉴스는 얼마나 가혹한 세상의 요약인가. 이 어처구니없는 유용성의 세계는 늘 해석하기를 요구한다. 우리는 매일을 요약된 세상의 배후를 간파해야 하는 숙제 안에 놓인다. 자기 해석을 잃게 되면 세상이 해석해 놓은 해석을 따르게 된다. 알게 모르게 우리를 짓누르는 세상의 억압이 이러하다. 이렇게 세상은 우리를 해석하고 억압하고 억압하는 억압까지 억압한다. 세상이 가하는 보이지 않는 억압이 드러나고, 보이면 요약된 인간들의 세상은 얼마나 얄궂은지 알게 될까. 나는 월급쟁이 회사인간을 억압하는 세상의 언어를 독해해야 한다.

월급쟁이의 광범위한 번식을 우리는 예견했는가. 내 아버지는 월급쟁이였다. 나도 월급쟁이다. 월급쟁이 아비가 월급쟁이 딸과 아들을 낳는다. 나를 알기 전에 월급쟁이 그 용렬한 운명의 굴레를 먼저 알아야 한다. 나는 나를 넘어서기를 바란다.

우리는 자유롭도록 저주받았다

　노예제 사회에서 노예의 삶은 '너는 노예다'라는 사실을 매일 입증하고 또 자각한다. 따라서 노예의 존재는 의심할 여지 없이 실존했다. 지금은 다르다. 분명하게 드러나지 않는다. 우리가 노예인지 주인인지 기억하고 알아차리기가 더욱더 어렵게 됐다. 문제는 여기서 출발한다. 자신이 예속되어 있다는 사실을 의식하지 않고서는 인간은 자유로워질 수 없다. 그것은 단지 월급쟁이 회사인간에게만 해당하는 문제가 아니다. 번듯한 사업체를 운영하는 사장님도 돈에 예속되어 있다는 걸 자각하지 못하면 돈의 노예다. 회사인간에게 자유란 무엇인가? 라는 물음은 그러므로 월급쟁이, 사장, 학자, 예술가를 불문하고 물신성에 무릎 꿇지 않고 우리는 우리 삶의 주인인가를 따져 묻는 것과 같다.

아리스토텔레스에 의하면 노예가 갖지 못하는 두 가지 자질이 있다. 첫째, 노예는 스스로 숙고해서 결정하는 능력이 없고 둘째, 노예는 앞날을 예견하며 선택하는 능력이 없다. 고대 그리스의 가난한 자유인은 먹고사는 일이 불안정하더라도 정규적인 일보다 비정규적인 일을 선호했다. 왜냐하면 정규적으로 보장된 일은 자신이 원할 때 일할 자유를 제한하는 까닭에 이미 노예적인 것으로 여겨졌기 때문이다. 자유인은 가혹하고 고통스러운 노동을 노예들의 안일한 생활보다 선호했다.

외로움, 불안은 자유의 조건이다. 집단에 속한 정규적이라는 소속감으로 외로움은 사라진다. 가처분소득의 증가와 그로 인한 소비와 소유는 불안을 줄여 준다. 대신 소속감과 소유로 인해 자유는 멀어진다. 자신의 생각을 지우면 편안하다. 집단의 생각을 자기 생각인 양 하면 된다. 힘들게 자기 생각을 쥐어짤 필요가 없다. 그러나 그렇게 되면 내 감정, 나의 사유, 나의 취향은 사라진다.

자유는 힘들고 외롭고 불안한 것이다. 내 생각을 지우고 집단의 생각에 가까워진 만큼 자유는 희미해지고 구속은 명확해진다. 멀어진 자유는 인간을 굴종하게 만든다. 이 세상은 한 인간을 굴종하게 만드는 다양한 방식을 작동시키고 있다. 매일 곳곳에. 내 결정이 나로 비롯된 것이 아닐 때 나를 둘러싼 것들은 굴종이 된다. 굴종은 약탈적이고 몰염치한 지배집단을 돕는다. 시시한 양심으로 무장한 주눅 든 피지배 집단을 마찬가지로 양산하는 것이 굴종이다. 그것은 일종의 현대적 야만일 텐데 사람들은 서로가 서로를 나누고 구분하고 차별하고 억압하며 야만이 일상화되는 생활을 만들고 있는 것이다. 개인이 전체 속으로 스며들어야 살 수 있는 시대, 회사인간의 일상은 야만이 된다. 인류를 위험에 빠뜨렸던 전체주의는 어느 날 갑작스럽게 찾아오지 않았다. 모든 개인이 집단의 취향에 동조하며 생겨난 불운이다. '전체주의적 과정'은 무엇을 뜻하는가? 그것은 인간이 필요 없는 유토피아를 건설하겠다는 목표 아래 궁극적으로는 인간을 쓸모없게 만드는 모던적 태도다. 유토피아는 천상의 논리고 인간은 지상의 존재다. 천상의 것을 사랑하기 위해 지상의 것을 경멸해선 안 되는 것이다.

굴종, 억압, 속박에서 벗어나는 일은 가장 낮은 단계의 자유다. 자신을 훼손시키지 않기 위해 세상의 가치를 차단하는 것이 그다음이다. 가장 높은 수준의 자유는 내가 스스로 마련한 가치로 내가 결정하면서 자신을 만들어가는 것이다. 자유란, 경제적 자유를 운운하며 부가적으로 얻어지는 천박하고 사소한 행복(이라 여겨지는)의 잔여 파장이 아니다. 그것은 오히려 주종(主從)을 뒤바꾸게 만들어 소소한 행복을 위해 경제적 자유를 성취해야 하는 것처럼 여겨져 인간의 자유를 곡해한다. 자유는 오로지 내적 발심에서 출발한다. 외부의 어떤 요인도 자유라는 것에 영향을 주어선 안 된다. 자유는 자신으로부터 출발하여 자신에게 이르는 거대한 여정이다. 여정 속에 자유는 스스로 말미암아 생겨난다. 자유로운 자들은 누구인가? '스스로의 힘으로 자기 극복의 기술을 습득한 자들이며, 새로운 삶으로 탄생하는 데 성공한 인물들이다.'

어제 어질러 놓은 것을 매일 다시 정돈하기 위해서 필요한 인내는 용기가 아니다. 그리고 이 노력을 고통스럽게 만드는 것은 위험하기 때문이 아니라 늘 반복해야 한다는 지겨움 때문이라는 것을 우리는 안다. 우리는 생산적 노예와 비생산적 자유 사이에서 대안을 찾아야 하는 고통스러운 처지에 놓여있다. 우리는 생계를 유지하기 위해선 일해야 한다. 이것이 근대 사회가 내린 판결문이다. 그러나 어떤 누구도 지금껏 살았고 현재 살고 있으며 앞으로 살게 될 다른 누구와 동일하지 않다는 방식으로만 우리 인간은 동일하다. 월급쟁이에게 자유는 스스로 다른 누구와도 같지 않다는 것을 자각하는 순간부터 시작된다. 그때, 외로움에 걸려 넘어지지 마라. 홀로 있다는 것은 자기 자신과 함께 있음을 의미하는 것이니.

존 스튜어트 밀의 경우

도열 된 책상들의 끝자리, 가장 많이 쌓인 연차의 상징이지만 끝으로 밀린 자리, 눈 뜨고 감았을 뿐인데 오도 가도 못하는 밀릴 데까지 밀리면 당도하는 자리에 그(녀)는 있다. 아이러니하게도 가장 편안한 자리다. 칸막이 벽면엔 '뒤로 물러서지 않기 위한 유일한 방법은 앞으로 나아가는 것'이라는 상투적인 문장을 포스트잇에 써 놓았고, 압정 밑에 노란 종잇조각이 간당간당 물려있다. 안정되고 편안한 끝자리의 광경에 알 수 없는 초조함이 엿보인다. 월급쟁이 불확실성의 실체는 언제 잘릴지 모른다는 불안이다. 그 불안 때문에 회사에서 시킨 일을 마다하지 않는다. 단지 더 오래 회사를 다니며 안정된 삶을 누리고 싶어 하는 마음이 자아내는 복종이다. 불안에 떠는 사람은 눈에 띄기 마련이다. 집단의 눈은 이런 마음을 가진 자를 단박에 알아본다. 잘리지 않기 위해 무리(성과강박에 따른 악의적 인간관계, 잦은 야근)해야 하고 무리해서 일한 결과, 삶이 망가지는 악순환에 빠진다. 회사인간은 이 악순환을 빠져나갈 수 있는가. 19세기를 온전히 살다 간 사상가 '존 스튜어트 밀'을 소환해 본다. 그는 자유론(On liberty)에서 말한다.

사람들은 감시의 눈총을 받으며 살므로 다음과 같이 묻지 않는다. 즉 나는 무엇을 좋아하는가? 무엇이 나의 성격과 성향에 맞는가? 또는 무엇이 내 속에 있는 최고 최선의 것으로 하여금 그 힘을 발휘하게 하여 그것을 성장 발달하게 하는 것일까? 반대로 그들은 다음과 같이 자문한다. 무엇이 나의 지위에 적합한가? 나와 같은 신분으로 같은 수입을 얻는 사람이 하는 일은 무엇인가? 또 나보다 높은 신분과 재산을 갖는 사람들이 보통 어떤 일을 하는가? 그들은 관습에 따르는 것 외에 아무런 기호를 갖지 못한다. 그결과 정신 자체가 기꺼이 구속 받게 된다. 심지어 사람들은 오락에서도 무엇보다도 관습에 맞추는 것을 중시한다. 즉 그들의 기호는 집단적이다. 그들은 일반적으로 행해지는 것들 속에서만 선택한다. 특이한 취미나 변칙적인 행동은 범죄와 마찬가지로 회피된다. 그리하여 마침내 자신들의 본성에 따르지 않은 결과 그들에게는 그들이 따라야 할 어떤 본성도 없게 된다. 그들의 여러 인간적 성능도 시들어 죽어버린다. 그들은 이미 어떤 강렬한 욕망도 본래의 쾌락도 누릴 수 없게 된다. 또한 그들은 일반적으로 자신의 것인 의견이나 감정을 갖지 않는 존재가 된다. 이것이 과연 인간 본성에 적합한 것이라고 할 수 있겠는가?

근대 미국의 자유주의 정치사상을 잉태했던 영국의 존 스튜어트 밀은 1823년 17세의 나이로 동인도회사에 입사하여 1858년 퇴사하기까지 무려 35년간 직장생활을 했던 월급쟁이 고조할아버지 쯤 되는 사람이다. 존 스튜어트 밀은 생각보다 중요한 사람이다. 존 로크에서 사유재산이 탄생했다면 밀에서 이른바 현대적 개념의 개인이 탄생한다. '설령 단 한 사람만을 제외한 모든 인류가 동일한 의견이고 그 한 사람만이 반대 의견을 갖는다고 해도, 인류에게는 그 한 사람에게 침묵을 강요할 권리가 없다. 이는 그 한 사람이 권력을 장악했을 때, 전 인류를 침묵하게 할 권리가 없는 것과 마찬가지다.' 그가 주장한 사상의 자유는 철저하게 개인을 옹호하고 있다. 그가 자유론에서 '자유라고 불릴 수 있는 유일한 자유는 우리가 타인에게 행복할 뺏으려 하지 않는 한 또는 타인이 행복을 얻고자 노력하는 것을 방해하지 않는 한 우리 자신의 방법으로 우리의 행복을 추구하는 자유'라고 말할 때, 오늘날 유행처럼 번지는 욜로(yolo, you only live once), 소확행(작지만 확실한 행복)의 철학적 원형을 대변한다. 현대적 트렌드를 대략 200년 정도 앞섰던 근사한 생각을 가진 사람이었다. 또한 그의 저서 자유론은 미국 독립선언서에 상당 부분이 인용되어 담긴다. 독립선언서는 현대 미합중국 헌법의 근간이다. 미국의 헌법은 해방 이후 미군정 시기를 통해 한국에 그대로 들여와 현대 대한민국 헌법의 기본정신을 이루게 된다. 따라서 밀의 사상은 오늘 대한민국 시민들의 일반적이고 정의로운 사고의 토대라고 말할 수 있는 것이다.

존 스튜어트 밀(John Stuart Mill), 영국 철학자, 정치경제학자 (1806-1873)

자유라는 단어의 '유'(由)는 '말미암다'는 의미다. 말미암는다는 사전적으로 어떤 현상이나 사물 따위의 원인이나 이유가 된다는 의미다. 자유는 말 그대로 스스로 말미암는 것이다. 그러니까 자신이 스스로 정한 이유에 의해 만들어지는 것이 자유다. 인간은 조건에 가두어져 있으므로 자유라는 주제는 오랫동안 인간의 심미적인 감정을 건드려 왔다. 자유를 위해 목숨도 바치고 위험과 몰락에 기꺼이 빠지지만 우리는 자유라는 것에 대해 정색하고 대면한 적이 없는 것 같다. 자유, 자유란 무엇인가? 19세기 한 월급쟁이 회사인간은 기꺼이 자유란 무엇인가에 관해 묻고 답하는 데 일생을 바쳤고 그의 고민으로 완성된 저작은 지구 최고 강대국인 미합중국을 낳았다. 사유의 힘은 이러하다. 어쨌든 그가 지적한 바대로 자신에게 질문하지 않는 사람, 즉 자신의 기준이 외부로 향해 있는 사람은 '인간적 성능도 시들어' 버리는 노예적 삶으로 전락한다고 경고하고 있다.

고통 없는 회사 생활은 가능한가? 퇴근 시간 바늘이 가까워올수록 귀가할 생각에 행복하기는커녕 야근의 불안감에 좌불안석이 된다. 퇴근 시간이 넘어도 상사는 꿋꿋이 버티고 앉았다.

매일 속이 검게 타고나서야 퇴근한다. 자기가 쓴 기안문은 벌건 펜으로 붉게 덧칠되고 밤엔 그 빨간 펜을 들고 삿대질하던 부장이 던지는 폭탄주를 넙죽 받아 마셔야 한다. 술자리에서의 폭언은 '내 새끼는 강하게 키운다'는 명목 아래 달게 받아야 할 격언이 되고 서지도 않은 줄이 자기도 모르게 형성된다. 줄의 열매는 승진이겠고 승진은 그토록 감내했던 폭언과 폭탄주, 그리고 갈굼을 꿋꿋하게 이겨낸 대가다. 이렇게 시간을 죽여 가며 밑바닥 인생들이 구르고 굴러 부장, 임원이 되면 어느새 같은 사람이 된다. 회색 얼굴을 한 채 수첩을 끼고 왔다리 갔다리 하는 월급쟁이 처지의 문법이다.

월급쟁이 회사인간은 누구인가, 삶의 모든 결정에서 차선을 택한 자들이다. 들어갈 땐 못 들어가 안달하다 막상 들어가선 못 나와 안달하는 자들이다. 일을 하며 자신에게도 이런 수동성이 있었나 하며 스스로 놀란다. 삶의 시계추가 늘 회사에 맞추어져 있다. 불안은 미래에 대한 불확실성으로 옮아간다. 확언하건대 미시 물리계 양자역학의 대가들도 월급쟁이 불확실성은 영원히 풀지 못한다. 그것은 누구도 짊어질 수 없는, 세상 가장 복잡한 불안이기 때문이다. 불안과 속박에 싸여 있으므로 평생 자유롭도록 저주받은 존재다.

존 스튜어트 밀은 회사인간에게 말한다. 개인, 남의 사유가 아니라 자신의 사유와 감정을 예민하게 스캔할 수 있는 사람이어야 한다고. 그것이 자유의 시작이라 주장한다. 월급쟁이는 차선을 선택해 온 자들이라는 정의는 밀의 주장을 뒷받침한다. 그들의 불안에 관한 존 스튜어트 밀의 해결책을 내 식대로 요약한다. 그 불안은 자유로 한 걸음 내딛기 전에는 이 세상 누구도 풀수 없는 숙제지만, 세상이 정한 모든 가치표를 뒤집고 자신이 세운 가치로 다시 바꾸어 만든 개인이 될 때 툭하고 풀려버리리라.

전체주의 회사인간

'그건 저의 일이 아닙니다. 보내 드린 메일 보셨지요? 그건 그쪽 부서에서 담당하는 일이니, 모레까지 작성해서 주세요. 작성 내용의 아웃라인에 관해 저는 모릅니다. 다큐멘테이션 포맷, 템플릿, 차트 테이블 정해진 건 없어요. 저는 관련 내용을 알려 드리고 취합하라는 지시만 받았습니다. 다만 제가 두 번 일하지 않게만 해주세요. 그 외에 전달받은 바 없어서 더는 답변 드리기가 곤란합니다. 따로 연락하는 일이 없도록 기한은 꼭 지켜주세요.'

　회사인간은 늘 자신을 덮쳐오는 파괴적 미래가 두렵다. 항상 극단적으로 조심한다. 찬란한 오후의 햇빛이 그들의 구부러진 등판을 비출 땐 서글프다. 어딘가 못마땅한 표정으로 모니터를 응시하는 눈은 누군가의 명령을 잘 따르지 못한 자책 같다. 그들은 자신의 미래를 완충시킬 힘이 없다. 자신에게 유리한 삶으로 이끌어 갈 방법이라곤 처세술에 지나지 않는 눈치뿐인데 '자기계발'을 향한 발작적 열광은 여기서 기인하는지 모른다. 열광의 뿌리는 뜻밖에도 좌절에서 번져 나온 냉소다. 그들이 욕하는 부류, 자신들과 다른 계급, 명령하는 자(임원, 사장, 부자 등)의 소비, 지식, 문화적 수준을 도저히 따라갈 수 없다는 뱁새적 상황인식, 그런데도 그들을 추종하는 배반적 자기투사의 냉소 말이다. 그리하여 명령하는 자가 그들에게 명령하면 자신의 성격이나 의도와는 무관하게 성심성의의 수행으로 옮기고 틀림없이 해낸다. 그다음 모든 일은 경로의존성에 따라 일어난다. 이 과정에서 개인적 편차는 무의미하다. 좌절, 냉소, 열광, 명령, 복종… 마치 나치즘에 혼이 나간 독일 대중과 같은 경로를 따르는 것이다. 히틀러의 명령에 아이히만이 복종하듯 대부분의 사람이 월급쟁이의 이 야만적 경로를 자신과 무관하게 따라간다. 이것이 월급쟁이의 가장 깊숙한 무기력이다. 내 직장 동료에까지 퍼진 뿌리 깊은 무기력은 전체주의 사회에서 개인의 무기력과 닮았다. 역설적으로 전체주의 파시즘이 뿌리 뽑힌지 오래지만 오늘, 회사인간의 자유는 퇴보하고 불행은 진보한다. 여전히 회사에는 20세기 인류에 닥친 전체주의의 재앙이 엄연하다.

전체주의적 지배의 본질은 인간에게서 인간성을 완전히 박탈하고 또 인간의 무용성을 증명함으로써 인간을 완전히 배제하고자 하는 태도에 있다. 회사는 민주적 절차를 표방하는 전체주의다. 회사의 주인은 누구인가, 주주는 자신이 가진 주식의 수량만큼만 책임을 지고 권리도 요구할 수 있다. 주주 체계는 민주적으로 보인다. 주식회사는 주식의 거래를 통해 누구나 기업에 대한 소유 관계에 참여할 수 있도록 고안됐고 생산수단의 사회적 지배 즉 공공재(公共財)적 기회를 열어놓고 있지만, 대개의 회사는 지배주주 지위의 한 사람에게 의사결정 권한이 집중된다. 권한을 가진 한 사람 아래 예속된 모든 사람들은 주주의 권한을 위임받은 자들이 하는 임파워먼트 놀이에 지나지 않는다. 따라서 민주적인 절차로 전체주의를 시현할 수 있는 유일한 조직이 회사다. 주식회사는 주주 유한책임으로 시장의 위험을 분산시켰다. 즉, 돈이 잘게 잘게 쪼개져 사회화된 것이다. 19세기 말 자본의 사회화는 오른 손에 민주주의와 왼손엔 자유라는 쌍으로 번영하지만 1929년 대공황을 거치며 국가와 결합한 기형적인 형태로 발전한다. 자본은 국가에 의존하고 국가는 자본에 의지하는데 경제가 위기에 빠지면 정부는 세금을 끌어 모아 자본을 지원하고 국가가 위기에 빠지면 위기를 돈벌이로 자본은 커왔다. 이 과정에서 국가는 자본의 불법과 비위, 부패와 비리 같은 어떠한 작태도 용인했다. 비록 그것이 전체주의가 되었든 민주주의가 되었든 정치 체제와는 무관하게 합법적 지위와 체제 위협만 가하지 않는다면 국가와 자본은 서로 공생하며 기생했다.

주주의 비위는 국가가, 국가의 비위는 주주가 커버해가며 계열화, 하청, 지배 등의 전체주의적 비윤리 체계가 합법적으로 주식회사에 존재하게 되는 메커니즘인데, 문제는 이와 같은 메커니즘이 회사에 국한 되지 않고 사회 전 분야로 전파되고 이식된다는 점이다.

월급쟁이 자신이 속한 집단에서 전권을 행사하는 주주는 자신에게 월급을 주는 세상의 처음이자 끝이다. 신성불가침의 이 권한은 위임이라는 규정의 틀 안에서 계단식 폭포처럼 캐스케이드 되어 위에서 아래로 떨어진다. 회사 밖은 엄연한 윤리와 관습적 도덕이 존재하지만, 회사 안에선 직속 상사가 윤리고 도덕이다. 부정과 비위, 배임이 난무하더라도 제어가 어려운 이유다. 조심스럽지만 이런 회사에서 묵묵히 일한다는 건 비윤리적 행위로 간주되는 의제자백이다. 거의 모든 사람들이 유죄인 곳에서는 아무도 유죄가 아니게 되는 것처럼 말이다. 정부, 대기업, 사법기관도 다르지 않다. 이들이 저지르는 기상천외한 비위 사실들은 모두 위와 같은 구조 안에서 자행된다. 전체주의 정부의 본질과 모든 관료제의 본질이 단순한 톱니바퀴의 구성원들을 비인간화하도록 한다는 사실은 중요하다. 그 누구도 통치하지 않는 통치 (the rule of nobody) 속에서 개인은 사라진다. 튀는 것은 싫어하면서도 개성과 변화를 요구하는 이율배반의 현장이 우리네 직장임을 생각하면 민주주의에 가려진 전체주의가 확연하게 드러난다. 자본주의 기업에 의한 전체주의는 말 그대로 '일상적 형태의 전체주의'이다. 철학자 강유원의 말은 뼈아프다.

'정치적 형태의 전체주의가 농약이라면 일상적 형태의 전체주의는 생물학적 오염과 같다. 따라서 이것은 앞으로 우리를 얼마나 노예화할지 예측할 수가 없다. 우리는 먹고 살기 위해 기업에 취직하여 자신도 모르게 기업의 전체주의 지배를 돕고 있으나 그것이 결국에는 우리의 목숨을 겨누고 있다는 걸 알고 있다. 빤히 알면서도 어쩌질 못한다. 이것이 바로 '일상적 파시즘'의 본질적 내용이요, 그것을 우리는 패스트푸드 전체주의라 할 수 있겠다.'

우리는 전체주의의 회색인간으로 살기 위해 나는 태어나지 않았다. 그렇지만 회사인간이라는 환경은 사회적 형태로써 주어진 것이니 받아들인다 하더라도, 그 가장자리에서 제대로 살고 있는 건가 하는 삶의 의미까지 끊임없이 고민해야 하니 회사인간은 전체와 개인에 사이에서 일상의 부조리를 떠날 수 없는 것이다.

막스 베버는 왜 그랬을까?

       현대 회사인간을 이루는 사상적 원류
는 인간 역사의 어디 즈음에 시작됐을까를 더듬으면 막스 베버
(Maximilian Carl Emil Weber)를 맞닥뜨린다. 인간의 역사를 무한 소
급 하여 모든 존재를 희미하게 만드는 아스라한 시원(始原)이 아
니라 현대사와 가까운 특정 순간에 월급쟁이 회사인간의 단면이
튀어나오는 지점이 있을 거라 짐작하며 찾던 때, 막스 베버가 자
장(磁場)에 들어왔다.

막스 베버 (Maximilian Carl Emil Weber), 독일 사회학자, 철학자 (1864-1920)

막스 베버는 19세기 독일사람(1864~1920)이다. 아버지는 유력 정치인이었고 어머니는 절대적인 개신교도이자 칼뱅주의자였다. 그의 유명한 저작《프로테스탄티즘의 윤리와 자본주의 정신》은 역사학자들이 일반적으로 자본주의 시대의 시작이라 일컫는 16~17세기로부터 2~300년이 흐른 1904년 출간됐다. 이때는 유럽의 황금시대였다. 19세기 말에서 20세기 초 유럽은

'벨 에포크'라는 말로 우리에게 알려진 '라 벨르 에쁘끄(la Belle Epoque, 아름다운 시대)'다. 세계 각지를 피로 물들이며 세운 제국주의 식민 시장이 건재했지만, 유럽 내에서는 화염이 사라진 시기다. 식민 착취로 부를 거머쥔 제국 열강의 귀족과 부르주아들은 세기말의 영광에 올라타 다가오는 신세기를 잔뜩 기대했던 때다. 분위기 때문이었는지는 모른다. 아이러니하게도 막스 베버는 탐욕적 자본가에 금욕 정신을 부여하며 '획득을 위한 무제한한 탐욕은 결코 자본주의와 동일한 것이 아니다'라고 말하며 이윤추구와 자본축적에 정신 승리적 자격을 수여했다. 그는 오히려 그들에게서 비합리적 충동의 절제 혹은 적어도 그러한 충동의 합리적 완화할 줄 아는 능력이 있다고 주장하며 자본주의는 지속적이고 합리적인 자본주의적 경영에 의한 이윤추구로 합리성과 금욕 정신에 기반 한다고 말한다. 아름다운 시대를 가톨릭 전통주의를 극복한 프로테스탄트의 종교적 금욕주의에서 찾아냈던 것이다.

막스 베버는 서양 문화의 합리화 과정에 관해 날카롭게 서술한다. 서양 문화가 전통주의와 결별하게 된 결정적 이유는 '자유로운 노동과 합리적인 자본주의적 조직화'라 설명하며 세계를 지배하던 가톨릭 엄숙주의 이상을 조롱하며 태어난 프로테스탄트들의 출현을 조명한다. 그에 따르면 자본주의가 시작되던 당시 상인계급의 비약적 성장은 기존 질서와 더 이상 함께 할 수 없는 필연적이고 시대적인 요청이었다. 상인계급은 자본주의와의 동반성장이 필요했고 상인계급의 욕망은 곧 이성적인 합리화 과정이라 웅변하며 가톨릭이 프로테스탄트에게 패배한 사상적 알리바이를 제공한다. 그것이 곧 근대 자본주의 정신이라 했는데 인간은 그 본성상 더 많은 돈을 벌려는 것이 아니고 단지 자신이 살아온 대로 살고, 그에 필요한 만큼만 벌려고 했지만, 경쟁이 시작되자 목가적 분위기는 붕괴하고 상당한 재산이 모아져도 이자를 노리는 대부로 사용되지 않고 재차 사업에 투자되었다. 안락하고 쾌적한 옛 생활방식은 박정한 냉혹함에 굴복했다. 그 이유는 합리화 과정에 참여하여 성공한 사람들은 쓰지 않고 벌려고만 했기 때문이며 옛 방식을 고수한 사람들은 위축될 수밖에 없었기 때문이다. 이러한 변혁을 야기했던 것은 새로운 화폐의 유입이 아니라 그에 관련된 새로운 정신, 즉 근대 자본주의의 정신이었다고 진단한다.

막스 베버의 자본주의에 팽배한 금욕주의와 경건주의는 직업의식에서도 이어진다. 월급쟁이 관점에서 예민한 촉수로 더듬어야 할 대목이다. 그는 종교적 금욕의 힘은 기업가들에게 성실하고 양심적인 노동능력을 가진 동시에 신이 원하는 삶의 목적으로서의 노동에 매진하는 노동자들을 제공해 주었다. 게다가 이 종교적 금욕의 힘은 현세에서의 불평등한 재화의 분배는 전적으로 신의 섭리의 특수한 작용이라는 흡족한 확신을 제공했다. 일상적 노동에 종교적 의미를 부여하기 시작했고 사람들은 자신의 직업에 사명을 투사한다. 그 사명은 도덕적 계율을 명령과 권고로 나누는 가톨릭적 태도를 거부하고 신을 기쁘게 하는 유일한 방법은 수도승적 금욕주의를 통해 현세적 도덕을 경시하는 것이 아니라 오직 현세적 의무를 완수하는 것이고 이러한 현세적 의무는 각 개인의 사회적 지위에서 발생하는 것으로서 곧 그의 직업이 된다. 이것은 16세기 칼뱅의 생각과 같다. 요한 칼뱅(j. calvin 1509~1564)의 소명 의식 역시 이 같은 생각에서 나왔다. 소명 의식이란 모든 인간은 신의 계획을 세상에서 실현하기 위한 도구로서 각각 특정한 부름을 받았으므로 자기에게 주어진 직업이 무엇이든 설령 아무리 비천한 것일지라도 거기에 충실한 것이 신에 대한 인간의 의무라는 인식[6]이다. '신이 주장한 삶의 자기 목적이 노동'이라 말했던 막스 베버는 16세기의 프로테스탄트, 칼뱅과 궤를 같이 한다.

그는 자본가의 이윤 추구와 자본 축적의 태도를 금욕 정신이라 부르며 기업가 생활방식에 튼튼한 윤리적 하부구조를 선사했다. 그것이 자본주의 사회를 이루는 골수라 주장한다. 막스 베버의 지적은 치밀하고 정확하며 날카롭다. 다만 심미적 포장을 걷어내고 봐야 할 필요가 있는데 그때 드러나는 것은 금욕이 아니다. 그것은 금욕보다 더한 탐욕에 가깝다. 자본가의 욕망은 '자본가 개인과 무관한 자본의 운동'이다. 획득된 자본의 재투자로 더 큰 자본을 만들려는 멈출 수 없는 지상 최대의 욕망인 그 운동을 그는 자본 축적을 향한 인간의 탐욕으로 보지 않고 인격과 윤리의 문제로 승격시킨 셈이다. 그런 측면에서 '화폐 축장자는 황금 물신을 위해 자신의 욕정을 희생한다. 그는 금욕의 복음에 충실한 것이다. 그러므로 근면과 절약, 그리고 탐욕이 그의 주된 덕목을 이루며, 많이 팔고 적게 사는 것이 그의 경제학의 모든 것을

---

6 김용규, 《신》에서 인용

이룬다'[7]는 마르크스의 지적은 옳다. 마르크스는 막스 베버의 금욕주의 안에 숨은 물신성을 보았다. 삶에서 발현되는 종교적 사명, 소명의 직업 정신은 일정한 금욕을 통해 물신성에 봉사하는 수전노적 윤리였던 것이다. 문제는 시대의 금욕이 애꿎게도 회사인간에게 들씌워졌다는 데 있다. 그는 자본주의를 전통주의와 싸워 이긴 결과물로 봤다. 맞는 말이지만 엄하게도 이것은 승자의 경건성을 회사인간과 노동자에게 주입했다. 힘든 노동에 신앙적 사명감을 덧씌우고 불평등을 사상적으로 무마했다. 동시에 자연스럽게 노동이 자본 축적에 활용되는 길을 활짝 열었다. 어떤 것도 돈으로 교환할 수 있다는 가치 환원성에 대한 자신감, 즉 자본가에게나 있음직한 물신성을 노동하는 대중에게도 각인시켜 대규모 경제적 합리주의자들의 탄생을 촉발했다. 사실 그 합리라는 것은 월급쟁이 회사인간 입장에서의 합리가 아닌 기업가 입장의 합리에 지나지 않는데 말이다. 이 때문에 인간적인 인격이 아니라 돈이 인격이 되는 풍토가 시작됐다.

회사인간에게 막스 베버는 중요한 사람이다. 일요일 밤, 다

---

7 칼맑스, 《자본》 제1권, 제1편, 제1장, 제3절

음 날 회사를 가기 위해 친구와의 수다를 스스로 절제하게 만든 사람이기 때문이다. 오늘날 팽배한 월급쟁이 금욕주의자들을 양산해 낸 사람이니 경건하게 연구해 봄 직하다. '프로테스탄티즘의 윤리와 자본주의 정신'의 마지막 문장은 이렇다.

'금욕이 수도원의 방에서 나와 직업생활에 옮겨지고 현세적 윤리가 지배하기 시작함에 따라 이 금욕은 (중략) 근대적 경제 질서의 강력한 우주를 구축하는 데 일조했다. 이 우주는 오늘날 이러한 동력기 안에서 태어나는 모든 사람의 생활양식을 압도적인 강제력으로 규정하고 있으며 또한 그 마지막 화석연료가 다 탈 때까지 아마 규정할 것이다.'

금욕주의 회사인간

멀리 있는 친구와 만나기로 하고 약속을 잡는다. 사사롭게 벌여놓은 일들이 발목을 잡는 중에 일요일 저녁이 어떤지 물어

온다. 나는 머뭇거리다 다른 날이 어떠냐고 물었다. 그러고 보니 알 수 없는 반항이 생긴다. 왜 일요일, 밤늦게 까지 친구와 수다 떨며 소주잔을 꺾을 수 없는가. 믿기 싫지만 이미 회사가 내 일요일을 지배하고 있었기 때문이었다. 물론 일주일의 시작을 가뿐하고 상쾌하게 시작하고 싶다. 발랄할 순 없더라도 지끈거리는 숙취로 월요일을 망치는 건 원하는 바가 아니다. 그러나 우리는 알게 모르게 회사에 매여 산다는 걸 부인할 순 없다. 회사를 위해 자신의 일상을 스스로 가다듬고 그런 습관들을 이성적이고 규칙적인 생활로 치켜세운다. '금욕주의 회사인간'의 전형이다.

프로이트는 금욕주의의 뿌리에 관해 언급한 적이 있다. 그에 따르면 '종교의 다양한 금제와 의례가 강박신경증 환자의 일상적 의례와 깊은 유사성을 갖는다'고 지적했다. 강박신경증 환자는 자기 안에서 일어난 충동과 유혹을 누르기 위해 혹은 그것을 예견하고 방지하기 위해 강한 금제를 설정하고 어떤 행위들을 의례적으로 엄격히 수행하는데 이것이 종교 의례와 매우 흡사하다는 것이다. '종교적으로 경건한 사람은 죄악으로 완전한 타락에 빠지는 일이 많은데 이것이 참회라고 하는 종교 활동의 형태를 만들어낸다'고도 했다. 속죄와 구원이라는 미명하에 금욕주의적 조치가 이루어진 곳에서 발작적으로 신경증이 나타난다. 오늘 강박적인 신경증이 출몰하는 곳도 다르지 않다. 월급쟁이의 책상정리, 유난히 일찍 잠에 드는 일요일 저녁, 금제가 많고 규칙이 많은 곳, 수많은 충동들을 억제하기 위한 규정들, 더욱 경건해지는 의례, 창업자의 신적 추앙. 철학자 니체는 금욕주의자들을 비난하며 '기계적인 활동과 그것과 함께 행해지는 것, 절대적인 규칙성, 꼼꼼하면서도 생각이 없는 복종, 단호하게 고정된 생활양식, 완전히 짜여진 시간, 비인격성이나 자기망각, 자기무시를 위한 어떠한 허가, 그뿐 아니라 그것을 위한 훈련 같은 것'이라 말했는데 여지없는 회사인간의 생활 바로 그것이다.

삶에 의미가 있다면 그것을 찾아내는 사람이 제일이다. 그러나 월급쟁이 금욕주의자는 스스로 잘라버린 욕망으로 인해 삶의 의미를 찾고 싶다는 욕망의 욕망까지 스스로 억압한다. 금욕, 그것은 가두어진 생활이다. 절제라 부르기도 하고 이성이라 부르기도 한다. 절제는 넘쳐나는 욕망을 모질게 베어낸다. 회사인간들은 일상의 모든 시간을 회사에 맞추고 욕망을 생각할 시간조차 스스로 베어버린다. 일찍 자고 일찍 일어나는 일이 회사에 출근하기 위해서인 월급쟁이들은 삶의 의미 있는 시간들을 조금씩 깎아낸다. 그것은 직업에 대한 소명의식도 아니요 일상의 신성한 리추얼로 보기도 힘들다. 그건, 그저 그런 시시함이요, 째째함이다.

모니터 위로 고개를 들어보라. 회사인간 금욕주의자들은 주변에서 차고 넘친다. 그들은 월급이 많고 적음을 저울질하지만, 많지 않은 돈을 벌어 보겠노라고 아이들과 놀기를 포기하고 새벽같이 일터로 나가는 수전노의 쪼잔함을 후회한다. 콩고물이라도 떨어질까 웃고 싶지 않을 때 웃었고 하기 싫은 농담을 한다. 그것이 처세라 믿었던 청승과 주책, 비열한 노회함을 자책한다. 살면서 바른 사람들이 제 모든 걸 바쳐가며 돈과 자본을 좇는 일을 많이 봐왔다. 반듯하게 닦인 목소리, 조리 있는 말투, 적당한 농담과 비유를 섞을 줄 아는 위트, 예의 바른 옷차림, 흐트러짐 없는 머리, 박식한 분석력, 잘 짜여진 논리, 유창한 외국어에 가족을 사랑하는 마음까지 어디 하나 빠지지 않지만 그 또는 그녀는 금욕주의가 만든 하나의 인조인간 같다. 그렇다, 회사인간 금욕주의자는 모두가 돌진해마지않는 AI, 인조인간을 지향한다.

단언컨대, 일요일 밤과 평일 밤에 딴짓할 수 있는 배짱은 우리를 월급쟁이 초라한 일상성에 머물지 않게 하는 자유정신이다. 밤늦게 업무와 무관하게 책 읽고 시를 쓰고 글을 쓰는 회사인간, 일요일 밤 오래된 친구와 욕지거리 섞어가며 즐겁게 나누는 대화, 다음 날 회사는 아랑곳하지 않고 밤새 산을 걸을 수 있는 자유정신이 월급쟁이 째째함으로부터 벗어나는 지름길이다.

탁월함에 관하여

신나게 달려야 할 자전거 바퀴가 터져 나자빠졌다. 하늘로 향한 바퀴는 어찌할 줄 모르는 나처럼 흐리멍덩하다. 멈출 때까지 돌게 내버려 둔 자전거 바퀴를 보며 무료한 주말을 견디게 한 낙 하나가 사라지나 싶었다. 수소문 끝에 모신 자전거 수리전문 기술자, 그는 저문 눈을 천천히 껌벅거리며 인사했다. 예사롭지 않은 그의 공구 통엔 오랜 시간 동안 사용했음 직한 많은 공구들이 가지런히 놓여있다. 어디에 쓰이는지 알 수 없는 손때 묻은 나무막대, 손잡이 무늬가 닳아 희미해진 드라이버, 마모된 스패너. 눕혀진 자전거를 보자마자 문제를 파악하고 곧바로 수리에 들어가는 모습이 능수능란하다. 조금 전 인사하며 껌벅거리던 천진한 눈은 온데간데없다. 집중할 때의 눈매는 매섭고 매서운 만큼 동작은 간결하다. 마지막 체크까지 잊지 않고 마무리해내기까지 군더더기 하나 없는 일련의 과정에 나는 감탄했다. 착착, 기계처럼 허튼 동작 하나 없이 진행되던 수리 작업의 종래엔 그에게 인간 삶의 숭고함과 함께 오래된 장인(匠人) 조상을 본 듯 일종의 경건함까지 일었다. 인간의 행위를 보고 탄복한 적이 언제였나, 실로 오랜만에 경이롭고 드문 광경에 탄식을 연발했으니 나는 그의 숙련에 입을 다물지 못했다. 지구에 떨어진 달의 운석처럼, 낯선 시간처럼 나는 숨죽이고 그를 지켜봤다. 그 덕에 탁월함에 관해 다시 생각한다.

숙련을 통해 이르게 된 절대적 단순성의 지속은 탁월함에 닿는다. 삶의 현장에서 고도로 숙련된 절대적 단순성이 삶의 목적일 순 없을 텐데 탁월함에 이르는 도저한 과정을 짐작하며 나는 왜 엄숙주의와 금욕주의를 떠올렸는가. 월급쟁이 회사인간도 밥 벌어먹는 일에 관해선 자전거 아저씨처럼 각자 자리에서 탁월할 텐데 우리 삶은 왜 이리 공허한가. 아저씨가 자전거 수리를 마치고 떠난 자리에 쪼그리고 앉아 나는 동태눈을 하고 있었다. 일에 탁월하지만, 삶에 관한 존재론적 성찰이 빠져있다면 그 탁월함은 얼마나 경박한 숙련이 될 것인가. 삶의 단편적 기술에 집착하여 탁월함에 이르렀지만, 자신이 존재하는 곳은 어디며 또 누구인지 모르는 허망함은 오랜 회사인간 생활 뒤에 찾아오는 필연적 무참함이다. 방향 없고 목적 없는 삶에 오로지 단편적 숙련에 매몰되어 징그럽게 일했다. 그 숙련은 오로지 돈을 위해서였다. 잡을 수 없는 돈을 좇다 보니 원하지 않는 것을 배우게 되고, 하기 싫은 일을 하게 되고, 누군가가 시킨 일을 하며 살게 됐다. 똑똑하고 탁월한 체하지만, 된장국 하나 제대로 끓여내지 못하는 반 푼이 됐다.

탁월함은 '존재' 다음이다. 존재가 먼저고 탁월함이 그 다음이다. 비평과 평론이 제아무리 수준 높아도 한 줄 시보다 높지 않다. 시가 있어야 비평과 평론이 빛을 발한다. 국민에 기생하는 것이 국가요, 죄에 기생하는 것이 법이다. 생산된 물자가 있어 돈이 있고 돈이 있어 자본도 생겨난다. 철학이 무한을 사유하더라도 오늘 내가 산 하루에 당하지 못하는 것이다. 세상 모든 위대한 자들은 스스로 잉태하고 스스로 출산한다. 스스로 존재하지 못하는 자는 임신하여 출산하는 자를 두려워한다. 그래서 생산하는 자를 폄하하고 왜곡하고 부정하는지 모른다. 탁월함에 쫓겨 인생을 놓치는 우를 범하고 있진 않은가. 존재란 무엇인가, 자기 삶의 곡절을 자신의 방법으로 만들고 표현해서 세상으로 던지는 것이다. 나는 탁월하지 않아도 좋으니 생산자가 되기를 바란다. 코멘트와 지적, 조언 같은 건 생산하지 못하는 자들의 저열한 열등감에서 오는 질투다. 위대한 비평보다 세련되지 않은 한 줄 시가 더 위대하다.

프랑스 소설가 마르셀 프루스트는 '단지 예술에 의해서만 우리는 자신의 바깥으로 나갈 수 있다'고 말한다. 나를 나만의 방법으로 생산하는 것, 내가 본 세상에 관해 말하고 나를 보여주는 것, 이것이 존재, 예술, 생산의 본령이다. 월급쟁이 회사인간으로는 나 자신에 관해 말할 수 없다. 주간 보고로는 세상 어느 것도 생산해 내지 못하고 하루하루 치이는 일에서 나를 보여줄 방법은 없다. 설사 지금 하는 일에 엄숙과 금욕의 세월로 탁월한 경지에 이르렀다 하더라도 그것이 묘비에 새겨질 일은 아닌 것이다. 지금의 일에서 탁월함으로 가는 것이 아니라 내 길을 택하는 게 먼저다. 그리되면 터미널에서 들이켜는 우동 한 그릇에도 삶의 온도가 느껴질테니 말이다.

가난하도록 사주 받은 존재에 관하여

어제까지 남방 팔꿈치 부분이 해진 줄 모르고 다녔다. 곧 큰 구멍이 날 기세였는데 그런 줄도 모르고 팔을 흔들며 다녔다. 직장 동료들에겐 팔을 올려가며 인사했고 커피를 들고 마실 때마다 팔꿈치가 구부러지며 아슬아슬하게 피부가 보였다 말았다 했을 테다. 아무 일 없는 듯 넘어가면 될 일이지만 뒤늦게 부끄러움이 몰려온다. 모르면 몰랐겠지만, 알고 난 다음 왠지 칠칠치 못한 사람이 된 것 같아 영 마음이 편치 않다. 누군가는 눈치 채지 못했을 테고 또 누군가는 나를 꽤나 어지간한 사람이라 여겼을 테고 더러는 안타깝게 봤을 테다. 그런데 곰곰이 생각하니 해진 남방에 나는 왜 부끄러울까 싶다. 해진 옷을 입은 사람을 사람들은 왜 안타까워하는가, 궁핍과 가난은 왜 측은한가, 가난한 사람 취급받는 건 왜 기분 나쁠까? 굳이 기분 나쁠 이유가 없는데 말이다.

가난은 인간의 발명품이다. 인간이 차곡차곡 쌓아온 근대적 욕망이 그 발명을 도왔다. 싸구려 옷의 해진 팔꿈치가 신경 쓰이기 시작하면 그것은 가난이다. 구두 앞굽이 뭉텅해지고 마모된 신발 뒷굽이 신경 쓰이면 그건 가난이다. 그것이 신경 쓰이게 만드는 사회에서 가난은 비로소 작동된다. 허름한 옷차림을 얕보는 사회에서 가난은 출발한다. 아무리 궁핍해도 궁핍함이 신경 쓰이지 않으면 그것은 가난이 아니다. 확장해 보면 가진 게 있고 없고, 신분이 높고 낮고, 남녀의 구분을 떠나, 있는 그대로의 사람 자체를 보는 게 점점 힘들어지고 있는 것이다. 그래서 니체는 우리가 회복해야 하는 건 배후세계를 늘 의심하는 시선이 아니라 있는 그대로 볼 줄 아는 어린아이의 시선이라 말한 바 있다. 모든 땅과 건물엔 그 주인이 있다는 걸 믿지 않는 어린아이의 맑은 시선에 대고 가진 자와 가지지 못한 자가 엄연한 이유를 설명할 수 없다.

세계에서 가장 부자 26명의 자산은 세계 인구 하위 50%, 38억 명의 자산과 같다. 그들은 돈이 돈을 버는 자본 생태계의 최고 포식자다. 부를 창출하는 교환과정의 마지막 패자(敗者)는 최종 구매자다. 최종 구매자는 누적적으로 쌓인 이윤의 최종 부담자이기도 하다. 대부분의 월급쟁이는 노동력의 대가로 받은 월급, 즉 회사의 이윤을 담보해준 뒤 받는 최소 임금으로 누적 이윤이 얹혀 있는 상품을 구매하는 최종 부담자다. 유통과정에서 누적적으로 이윤이 쌓인, 비쌀 대로 비싸진 상품을 사서 써야 한다. 월급쟁이는 원재료 판매자 이윤, 상품 판매자의 유통 마진까지 보살피고 있는 것이다. 살면 살수록 마이너스가 되지 않을 수 없는 구조다. 이 체계가 세상을 지배하는 이상 월급쟁이는 빈곤을 벗어날 수 없다. 다만, 월급을 받아 소비자가 되는 너무도 짧은 상황, 순간적이나마 돈을 가진 갑에 위치에 올라설 때만이 심리적 가난에서 벗어난다. 짧지만 소비의 순간이 반복되면 소비하면서 올라선 왕의 지위에 취한다. 환각은 오래가지 않는다. 그러나 환각의 기억은 황홀하다. 이 황홀함이 자신의 임금을 소비과정에서 소진해 버리고 다시 돈을 벌기 위해 시킨 일을 해야 하는 가난의 현장으로 떠밀리기를 반복하게 한다. 그 황홀함은 사회가 부추기고 용인한다. 거기에 쓸려 들어간 자든 그렇지 않은 자든 이 사회를 사는 월급쟁이들은 가난과 죽음의 뫼비우스 트랙에서 벗어나긴 힘들다. 가난은 삶을 게으르게 허송한 대가가 아니다.

동물은 굶어 죽지만, 결코 가난하진 않다. 인간은 가난을 신경 쓰고 자책하여 스스로 죽을 수도, 누군가를 죽이기도 마다하지 않는다. 먹을 게 없어 배고프지만 한 조각 빵에도 존엄을 유지할 수 있다면 그는 가난하지 않다. 더 많은 월급에 이리저리 전전하며 더 벌지 못해 안절부절못하는 사람은 아무리 많이 벌더라도 머릿속에 콕 박힌 가난을 벗어날 수 없다. 돈의 힘은 엄청나서 사람들은 그것을 얻기 위해서라면 기꺼이 땔감이 되기를 자처한다. 그것은 과도한 초조함을 부른다. 과도한 초조함은 죄악이다. 돈을 벌기 위해 누군가는 부정한 저울을 쓰고 누군가는 고액의 보험을 든 후에 자기 집에 방화를 하고 위조화폐 제조에 참여한다. 상류 사회의 4분의 3은 투기 주식, 적대적 펀드 투기 같은 합법적 사기에 몰두한다. 과거에 신을 위해 한 일을 사람들은 이제 돈을 위해 한다. 오로지 조금이라도 월급 더 주는 회사가 있다면 여지없이 옮겨가며 자신의 삶을 돈 속으로 구겨넣는 사람은 가난도 함께 따라다닌다. 돈벌이만 된다면 어디든 기웃거리는 사람들은 경박한 궁핍 속에서 빠져나올 수 없다. 돈을 잡고 있으면 돈에 잡힌다. 적게 소유하는 자는 그만큼 남에게 덜 소유 당하지만 많이 소유하고도 남에게 온전히 소유 당한 자는 자신의 소유를 끊임없이 스스로 폄하할 수밖에 없다. 해진 옷에 영원히 당당할 수 없는 것이다. 이리하여 탐욕은 가난이라는 말이 성립한다.

직장생활을 하며 '아무개를 상사로 모셨고, 누구를 모시네 마네' 하는 말을 자주 듣게 된다. 들을 때마다 그렇게 말하는 사람의 뿌리 깊은 노예성이 안타깝지만, 이런 월급쟁이는 그가 비록 고소득을 구가하는 고위직이라도 '절대가난'은 벗어날 수 없음을 다시 깨닫는다. 그래서 가난은 복종과 굴욕 그리고 부자유와 닿아 있다. 돈의 시혜에 과감하게 자신의 부자유를 내던질 수 있는 사람은 가난하다. 노예의 가난은 궁핍한 빈곤이 그를 가난하게 하는 게 아니라 시키는 일만 하는 복종에 자신의 삶을 모두 갈아 넣는 부자유가 가난하게 만든다. 그런 면에서 노예와 월급쟁이의 부지런함은 자유로운 삶에 대한 적극적 외면이다. 복종에서 오는 일종의 안온함을 부지런함으로 지키려는 의지다. 이때의 부지런함은 결코 미덕이 될 수 없다. 결정의 피곤함, 자유의 위험을 애초에 모면하려는 비겁한 은신 같은 것이다. 스피노자의 선동은 빛난다. 그는 이러한 삶의 위험에 맞서 싸우는 개인의 강인함을 강조하며 '힘들고 드물지만, 자신의 욕망에 솔직한 것이 유일한 도덕'이라 칭송했는지 모른다.

지난날, 허름했던 집에서 남편을 기다리며 말이 통하지 않는 더러운 시장에서 산 반찬거리로 저녁을 하던 아내의 모습을 잊을 수가 없다. 남편이 벌어오는 얼마 되지 않는 돈을 이리 아끼고 저리 아끼다 조그만 손해라도 보면 원통하여 잠을 이루지 못했던 아내의 모습을 잊지 못한다. 나는 가난하고 싶지 않았다. 그렇지만 돈을 쫓아 내 삶을 송두리째 욱여넣어 부를 획득했더라도 그것은 또 하나의 가난임을 안다. 재산이 많더라도 반대로 재산이 없더라도 돈이 자신의 삶을 결정하는 기준이 된다면 재산이 많건 없건 그는 가난하다 말할 수 있다. 해진 남방이 신경 쓰이지 않는 순간 닳아빠진 구두가 부끄럽지 않고, 지금보다 많은 월급을 주는 일이지만 하기 싫은 일을 과감히 거부하는 순간, 또 하나의 작은 자유를 되찾게 된다. 세상을 이기는 연습이다. 알지 않는가, 작은 성공의 누적이 승리다.

생긴 대로 살기 위한 연습

먼지와 오물이 넘쳐나는 거리에 아랑곳없이 노상에서 숙식을 해결하는 가족을 본 건 1년 전의 일이다. 두, 세 살로 보이는 아이가 엄마 곁에 늘 붙어있다. 온종일 뛰어노느라 새까매진 큰아이의 발은 마치 태어날 때부터 까맸던 것 같다. 아이들의 아빠는 본 적이 없다. 늘 그곳에 같은 시간, 같은 장면처럼 가로수 나무 밑 자연스러운 풍경처럼 그들은 있었다. 먹을 것을 어디서 구해오는지는 모르지만, 그들은 구걸하지 않았다. 그들이 보이지 않기 시작한 건 지난주부터다. 그들이 있을 땐 애써 모른 체하고 지나치기 바빴지만 그들 가족이 더 이상 보이지 않으면서부터 그들을 걱정하는 이들이 늘어갔다. 그런 걱정들도 잠시, 눈에 보이지 않으니 잊히는 것도 금세다. 그들은 돌아오지 않았고 다시는 볼 수 없었다.

거리의 그 가족은 항상 행복해 보였다. 아이들은 늘 웃었고 엄마는 한가했다. 사람들은 그들을 보고 얼굴을 찌푸리기도 하고 걱정하는 표정을 짓기도 했고 혀를 차거나 수군거리며 지나쳤지만, 아이들은 개의치 않고 가로수 밑동에 오줌을 쌌다. 그들은 아무것도 가진 게 없었지만 마치 사람들이 가지지 못한 것을 가진 것처럼 더러운 길의 삶에 의연한 듯 보였다. 적어도 내가 보기에 그랬다. 그렇지 않았을 수도 있다. 실제 그들은 고달팠을 수도 있고 자괴에 빠져 지냈을 수도 있다. 알 수는 없다. 아이들은 밝았고 엄마의 표정은 온화했으므로 스스로 만족하며 지내는 것 같았다. 대조적으로, 지나는 사람들 표정이나 그들을 보는 내 회사 동료들의 모습을 조용히 관찰해 보면 오히려 그들이 더 불행해 보였다. 어쩌면 그 가족은 우리가 갖지 못한 것을 가지고 있으므로 세상의 시선이 가소로울 수 있겠다는 생각으로 이어지면서 나는 디오게네스를 떠올렸다.

기원전 5세기 중반 그리스에 디오게네스라는 사람이 있었다. 소크라테스, 플라톤과 동시대 사람이었다. 당시 추앙받던 수많은 소피스트와 철학자에게 헛똑똑이들이라 핀잔을 주고 어설픈 헛소리나 지껄이는 인간들이라며 호통치던 사람이다. 인간도 개처럼 살아가기를 외치며 욕심 없는 삶, 지금에 만족하는 삶, 부끄러워하지 않는 삶을 추구했다. 거리를 집 삼아 자고 먹고 마시며 자위까지 거침없이 했던 사람이었다. 그의 철학을 일컫는 말조차 견유주의(犬儒: 개처럼)다. 그의 진면목은 세계를 제패한 황제 알렉산더를 만나는 장면에서 볼 수 있다. 백미다.

그리스를 정복하고 페르시아를 치러 가던 중에 알렉산더는 디오게네스를 방문한다.

"내가 알렉산더 왕이다."

디오게네스는 황제의 자기소개에 주눅 들지 않고 이렇게 받아 친다.

"나는 디오게네스, 개요."

병사를 대동한 알렉산더는 곧바로 디오게네스를 위협한다.

"너는 내가 무섭지 않은가?"

아마도 스스로를 개라며 얼굴을 치켜든 디오게네스가 못마

땅했을 법도 하다. 황제의 위협에 디오게네스가 물었다.

"당신은 좋은 사람이오, 나쁜 사람이오?"

스스로를 악한이라 부를 수는 없는 노릇이었을 터, 알렉산더는 자신을 좋은 사람이라고 했다.

"그렇다면 내가 왜 좋은 사람을 두려워해야 한다는 거요?"

디오게네스의 답에 한 방 먹은 알렉산더는 분위기를 반대로 가져간다. 그를 부드럽게 회유한 것이다.

"네가 원하는 것은 무엇인가? 내가 들어주겠다."

세상의 모든 것을 가졌다고 자부한 알렉산더의 물음에 디오게네스가 답했다.

"내가 원하는 것은 햇볕, 그것뿐이오."

그러자 알렉산더는 디오게네스를 떠나며 이런 말을 했다고 한다.

"내가 알렉산더가 아니었다면 디오게네스가 되었을 것이다."

알렉산더 대왕(그림 왼쪽)과 시노페의 디오게네스(Diogenes),
고대 그리스 철학자(BC412-BC313)

디오게네스는 알렉산더가 부럽지 않았다. 황제는 거의 모든 것을 가졌지만 그가 가진 것 중에 디오게네스가 원하는 건 하나도 없었다. 소유를 바라보는 가치가 다른 것이다. 황제는 권력, 재물, 명예 모두를 가졌지만 디오게네스가 원하는 건 단 한 줄기 햇볕이었다. 황제는 그것을 줄 수도 없고 가질 수도 없다. 디오게네스는 제국의 황제에게 사실상 '햇볕 가리지 말고 꺼져' 라고 말했던 것이다. 디오게네스의 삶의 가치와 황제(세상)의 가치는 달랐다. 황제에게 중요한 것은 디오게네스에겐 하찮았고 디오게네스에게 소중한 건 황제에겐 중요하지 않았던 것이다. 그리하여 디오게네스를 사모했던 니체는 말한다. '사소한 것은 사소하지 않고 중요한 것은 중요하지 않다.'

세상의 가치를 전도시켰던 디오게네스와 노상에서 숙식하던 그 가족은 멀지 않은 곳에 있다. 우리가 가지고 있는 것들은 그들이 원하지 않는 것일뿐더러 그들이 볼 땐 쓸데없는 것들일 수 있다. 우리는 그들을 없이 사는 거지 취급을 하지만 어쩌면 그들은 우리가 가지지 못한 걸 다 가지고 있을지 모른다. 생각을 밀고 나가면, 세상과 그 가족 사이에 인문학적 진공상태가 관통

한다면 견유주의에 이르지 않겠는가. 개들이 아무것도 없이 잘 살 수 있는 건 세상 모든 것을 가졌기 때문이다. 결핍은 욕망을 낳고 욕망은 필연적으로 결핍을 양산한다. 인간은 결핍으로 살아갈 수밖에 없다. 결핍을 제거했던 견유주의자, 더 이상 구걸하지 않는 거지 디오게네스는 그래서 인간의 가장 완성된 모습인지 모른다. 더 많이 가지려 폭주(暴走)하는 회사인간들은 그 가족을 지나칠 때 혀를 찰 것이 아니라 부끄러워했어야 옳았다.

견유주의 연습 1. 몸으로 하는 공부

몸은, 삶이 삶을 반성하지 않는 것처럼 판단력과 빛나는 정언명령들이 닿지 않는 곳이다. 그것들이 닿지 않는 곳에 몸이 있다. 몸은 언어 너머에 있다. 어느 시인의 말처럼 사는 건, 삶을 관통하는 자세는 '머리로 하는 것이 아니고 심장으로 하는 것도 아니고 몸으로 하는 것이다. 온몸으로 밀고 나가는 것'에 있는지 모른다. 머리로는 울 수 없다. 머리는 기억해야 할 터인 즉 내가 아버지 정충에 지나지 않았을 때, 오직 박동 소리만 내며 내 어머니 살을 빨아먹을 때, 그때 무용했던 그 머리를. 교만하게 내 몸을 지배하려 드는 회사인간의 머리는 오로지 처세의 방정식만 풀려 든다. 삶 한가운데를 관통하며 지나고 있다는 사실은 상대성이론으론 느끼지 못한다. 눈앞에 벌어지는 상황을 극복하고 해결하려는 의지는 머리가 아니라 몸이 하는 일이다.

몸과 몸끼리는 머리가 모르는 것까지 안다. 배꼽을 가진 인간과 더듬이가 있는 벌레와 긴 수염이 자란 고양이는 '몸'을 가졌던 것이다. 세상은 머리로 살아라 하지만 머리로 살아선 도무지 알 수 없는 것들이 많다. 내 종족의 나이가 '나'이며 전 인류의 나이테가 내 몸에 박혀 있고 그 나이테의 다른 이름이 나의 몸인데 그것들을 버리고 머리만 따를 수는 없다. 일찍이 몸이 하는 철학, 개같이 살고자 했던 디오게네스와 견유주의 철학자들은 이 사실을 정확하게 간파했던 듯하다. 개와 같이 살게 되면 비로소 보이는 것들은 천박하고 낮은 것 현실의 더러움을 확인하는 절차가 아니라 몸과 관련된 이 세계의 비밀을 풀어내는 성스러운 작업이었다. 이 시대의 광기가 다른 시대의 상식이었던 것처럼 성스러운(聖) 것과 속(俗)된 것, 진짜(眞)와 환상(幻)은 모두 가상이 되고 머리의 그것은 언제든 뒤 바뀔 수 있는 것이어서 세계의 진짜를 갈구하고 찾아내기 위해선 몸으로 살 수밖에 없다는 절박한 철학적 구원의 방편이었을 터.

지나고 보니 삶은 연속된 시간의 지나감이나 기억의 총체가 아니라 몸으로 견딘 어떤 것 같다는 희미한 '찐' 같은 게 느껴지기 때문이다. 몸으로 견뎠을 뿐만 아니라 몸으로 버티고 몸으로 때운 진실 같다. 몸의 길은 덤도 에누리도 없어서 맨살로 철조망을 통과한 사람의 등판 같은 것이다. 견유주의(犬儒主義) 흉내를 내보려는 잔다란 시도다. 온갖 철학자를 '까는' 니체도 견유주의 철학자들에겐 존경과 찬사를 보낸 것을 보면 그 또한 몸의 철학자인 것을, 저 '몸 철학'의 홍심을 겨눈 말, '사소한 것은 사소하지 않고 중요한 것은 중요하지 않다'는 그 말에 경의를 표하는 바이다. 월급쟁이 회사인간은 사소하고 중요한 것을 가리고 우선순위를 정해서 촌각을 다투며 일을 처리해 나가는 사람들인데 문득 그것들이 중요할까 싶을 때 나는 머리로만 살고 있구나 하며 장탄식을 하게 된다. 복잡할 것 없이 나라는 실존에서부터 시작해야 옳겠다. 아, 몸으로 사는 수밖에 없다. 그래서 해가 가고 나이를 먹을수록 논리와 로고스에 빠지는 것보다 내 몸의 감정과 에토스에 천착하는 것이 손아귀 잡아 쥔 모래 한 알이라도 건지는 일임을 알겠다.

견유주의 연습 2. 생긴 대로 살기

내 생긴 대로 살지 못해 여기까지 온 것이다. 마흔 줄, 낯가림이 심해지고 낯선 사람과 낯선 곳이 견디기 힘들다. 아이들 학교 적응을 걱정했더니 왠걸 적응이 어려운 건 아이들이 아니라 나였다. 환영 받지 못하고 안절부절 불편한 자리는 한시라도 있지 못했고 오랫동안 단련했다고 믿었던 사회성이란 것도 알고 보니 허술했던 것이어서 삶의 곡절 어디도 뚫어내지 못하는 연약한 면역력만 되레 확인할 뿐이다. 그렇게 전전하며 나는 너덜해지고 약해지고 깎이어졌다. 누구나 겪는 통과제의(通過 提議)는 아닐 테고 더 깊어지라는 우주의 명령도 아닐 텐데 스스로 벌려놓은 트랩에 빠져 허우적대는 꼴이 됐다. 세상을 어거지로 살아서 그렇다.

월급쟁이 회사인간 18년에 제 멋대로 살아본 적 없는 인생을 늘 원망했다. 엑셀 프로그램만 두드리다가 인생의 종말을 맞이하면 억울할 것 같다. 그렇게 되지 않으려면 이 월급쟁이 회사인간의 시지프 삶을 벗어나야 하는데 막상 벗어나려니 발목 잡는 것들이 많았다. 아닌 말로 당장이라도 벗어날 수 있지만 새로운 모험 앞에서 당황하며 슬그머니 발을 빼는 얍삽한 자신이 보이기도 했던 것이다. 원인은 나였지만 나라는 원인 안에 뭉뚱그려진 어떤 욕망과 두려움 같은 것들이 감지되는데 그것들이 어디서부터 어디까지 나를 덮치고 감추고 숨기고 있을까를 가만히 들여다본다. 당최 드러나지 않는 것이다. 한꺼번에 벗어 던지려니 이 놈들이 만만한 것들이 아니어서 하나씩 구역질나는 것부터 검지와 엄지로 잡고 징그러운 걸 본 얼굴을 하고 내 던지려 한다. 생긴 대로 살기 위해서다.

17세기 조선, 사후 영의정으로 추대되기도 했던 이식(李植)

은 살아생전 아들에게 편지 하나를 남겼다.

"근래 고요한 중에 깊이 생각해 보니, 몸을 지녀 세상을 사는 데는 다른 방법이 없다. 천금의 재물은 흙으로 돌아가고, 삼공三公의 벼슬도 종놈과 한 가지다. 몸 안의 물건만 나의 소유일 뿐, 몸 밖의 것은 머리칼조차도 군더더기일 뿐이다. 모든 일은 애초에 이해를 따지지 않고 바른 길을 따라 행해야 한다. 그래야 나중에 실패해도 후회하는 마음이 없다. 이것이 이른바 순순히 바람을 받아들인다는 것이다. 만약 이해를 꼼꼼히 따지고 계교를 절묘하게 적중시켜 얻으면 속으로는 부끄러움을 면치 못하고, 실패하면 후회를 못 견딜 것이다. 그때 가서 무슨 낯으로 남에게 변명하겠느냐."

- 《일침》(정민 지음) 중에서

'생긴 대로 살아라'는 말을 이렇게 멋들어지게 표현할 수 있을까. 신이 내리는 마법의 주술이 한 순간에 나를 휘감아 데려가지도 않을 것이고 내가 나에게 가는 길을 누군가가 알려주지도 않을뿐더러 세상의 율법은 그 길을 은폐하기에 급급하여 이제 그 길은 오로지 나에게 물어 갈 수밖에 없다. 이제는 많은 것을 어중간하게 아는 것보다 차라리 아무것도 모르는 걸 택하고 나에게 침잠하려 한다. 다른 사람들의 판단에 따라 움직이는 현명한 자보다는 차라리 내 힘에 의지하는 바보가 되고 싶다. 사무실에서 키보다 자판을 두드리는 손을 구슬치기에 구슬을 움켜쥐던 손으로 바꾸려니 첫 번째 맞닥뜨린 벽이 '회사인간'이다. 어깨에 힘을 빼고 생긴 대로 살아 넘어서려 한다.

스피노자의 위로

　부인하고 싶지만, 월급쟁이 삶 전체를 놓고 버드 뷰로 보면 그저 일하다 늙어가는 삶의 양태에 지나지 않는다. 그런 중에 더러는 까닭 모를 의지도 끓어오르고 가끔 행복을 느끼기도 하지만, 더 많게는 이룬 게 없다는 자괴감과 일상의 지루함에 벗어나려 안달하는 날들이 전부다. 꼬박꼬박 출근해서 어렵사리 받는 월급으로 인생의 8할을 견딘 삶의 나이테, 그 안에 '내'가 있었냐고 물어보면 무참해진다. 생각건대 '나'는 기백 번을 받았던 월급에도 없었고 그렇다고 무시로 나누던 일상의 대화 속에도 존재하지 않았다. 단세포 동물의 무성생식처럼 맹목을 한 채 밥만 먹으려 달려들던 아귀 같은 삶에 지나지 않은 것 같다. 인생은 갑작스레 작아진다. 우주의 부피로부터 순식간에 하수구 구멍만큼 쪼그라들던 때 나는 오래전 죽은 한 사내를 만났다.

지금으로부터 390년 전, 스피노자가 파문을 불사하며 지켜 내려 했던 건 이름 없는 자들 속에 숨어 있는 범신(汎神)이었다. 평범한 모든 것들은 비범을 품고 있다는 신념, 그것은 자신의 삶 과도 같았다. 그는 당시 사회적 관념으로 뿌리박힌 기독교적 유 일신의 존재를 부정하는 대신 모든 평범한 사람들의 마음속에 존재하는 신을 기하학적 방법론(증명, 설명, 해석)을 차용해 논리적 으로 증명했다(에티카, 기하학적 질서에 따라 증명된 윤리학). 신과 인 간의 매개를 독점하는 교회 권력을 비판했던 것이다. 제단 위에 우러러보는 신에서 누구에게나 현현(顯現)할 수 있다는 이른바 민주적 신으로 공평한 삶의 자리로 내려서게 했다. 당시 그러니 까 17세기에 여전히 서슬 퍼렜던 절대 왕권의 군주 앞에서 죽음 과 파문을 무릅쓰고 당당하게 자신의 신념을 지키던 한 인간을 만났다.

스피노자 (Baruch de Spinoza) 네덜란드 철학자 (1632-1677)

그의 저서 《에티카》를 월급쟁이 회사인간의 관점에서 읽어 내리면 불편하다. 회사인간은 자신이 원하는 일을 할 수 없는 (또는 하지 못하는) 정체성의 한 형태라면 스피노자는 이를 두고 '용기 없는 비겁한 수동의 인간'이라 모욕한다. 한 인간의 용기는 어디에서 오는가에 관해 불편한 진실을 죄다 까발린다. 스피노자는 코나투스 (Conatus) 개념으로 월급쟁이에게 조곤조곤 말하는데 스피노자 《에티카》의 핵심은 '우리는 그것이 무엇이든 우리가 원하는 대로 될 수 있는 힘을 가지고 있다'는 것이다. 우리에게 어떤 의지가 있다면 거기엔 일종의 정서적 힘(코나투스)이 존재하고 그 힘은 우리를 의지하는 그곳으로 데려다준다고 말한다. 그러므로 간절한 마음을 가지고 그것이 무엇이든 힘껏 구하라고 다그친다.

스피노자의 신은 수동에 관여하지 않는다는 것을 명심해야 한다. 수동이란 스피노자에 따르면 소심한 마음으로 삶의 안전만을 추구하려 드는 삶의 태도다. 소심함은 사회가 강요한 외적 작용에 지나지 않는다. 이러한 수동의 삶은 진정한 자신의 삶이 아니다. 하지만 회사인간은 수동의 삶에 빠져있다. 가기 싫은 직장에 매일 나가야 하고 만나고 싶지 않은 사람을 만나야 하며 원하지 않는 음식을 먹어야 한다. 이럴 때 우리의 내적 성향은 고통을 받게 되고 코나투스는 감소하게 되어 슬픔이 삶을 지배한다. 스피노자는 이 지점에서 그 삶을 빠져나오라고 부추기는데 이때 우리를 설득하며 말하는 개념이 바로 기쁨의 코나투스의 증장(增長)이다.

니체의 '힘에의 의지'는 스피노자의 코나투스로부터 빌려온 것 같다. 니체의 '힘에의 의지'는 스피노자의 '삶에의 의지'다. 삶의 의지는 우리가 기쁠 때 생겨난다. 우리가 기쁠 때 코나투스는 증가한다. 우리가 슬플 때 코나투스는 감소한다. 그러므로 자신을 기쁘게 하는 것들을 욕망하고 자신을 슬프게 하는 것들을 거부하는 해야 한다. 기쁨은 우리를 의지로 충만하게 하고, 살고 싶게 하고, 높아지게 한다. 슬픔은 우리를 우울하게 하고, 낮아지게 하고, 작아지게 만든다. 코사투스, 우리 삶의 의지 안에는 원래 소심함이란 존재하지 않는다. 그러나 우리가 스스로에게 귀 기울이지 않고 외적 작용에 일희일비하여 우리 안에 서식하는 우주적 신의 씨앗을 말살하고야 말았으니 우리는 소심함으로 뒤덮여 존재가 멈추게 되는 것이다.

사람의 욕망은 정신의 본질이다. 사람의 정신은 그 사람 안에 있는 신의 코나투스다. 우리의 욕망을 내 안의 신이 노래하는 주술과 리듬에 맞추고 코나투스를 내뿜어 최대치로 끌어올릴 때 영혼은 자유로워진다. 자유로운 영혼은 흔들리지 않는다. 외적 작용의 허접한 꼬임에 넘어가지 않는다는 말이다. 누가 어떤 말을 하든, 어떤 위협을 하든, 어떤 책임감으로 들씌워 눌러 앉히든, 의무를 강요하든 흔들리지 않는다. 자유롭기 때문에 자신의 정신에 고귀함을 부여한다. 그 누구도 자신을 권위로써 짓누를 수 없는 자유로운 정신 말이다. 스피노자가 세상의 권력과 맞짱 뜰 수 있었던 이유다.

스피노자는 위험하다. 《에티카》는 인간의 갖가지 감정들을 증명하고 설명하며 주석을 달고 해석하는 기하학적 방법으로 풀어내려 애썼으므로 읽기가 만만치 않다. 그렇지만 한 번 읽고 나면 가슴이 따뜻해진다. 저 밑에서 끓어오르는 먹먹함을 또한 견디기 어렵다. 그 먹먹함은 삶의 위험으로 인도한다. 월급쟁이 회사인간의 삶에 분노를 느껴 지금이 슬프다고 느끼면 과감하게 자신의 길로 따라나서게 할 수도 있다. 알게 모르게 우리를 옥죄는 억압과 사회적인 제약에 속박되기를 거부하게 한다. 결국 떨치고 일어나게 만드는 것이다. 그럼에도 불구하고 경박하고 가벼운 분기탱천은 차갑게 식기 마련이다. 그것을 실행으로 옮기기에는 우리를 둘러싼 현실의 힘이 만만치가 않기 때문이다. 스피노자는 이렇게 소심하고 우유부단한 우리의 마음을 알았는지 정확하게 간파하여 책의 말미에 용기 없는 자들의 부자유를 조롱하며 마무리한다.

"무지한 자는 외적 원인에 따라 여러 가지 방식으로 동요되어 결코 영혼의 참다운 만족을 갖지 못할 뿐만 아니라 자신과 신과 사물을 거의 의식하지 않고 살며, 작용 받는 것을 멈추자마자 존재하는 것도 멈추기 때문이다. 이에 반하여 자유로운 자는 현재로서 고찰되는 한에서 거의 영혼이 흔들리지 않고 자신과 신과 사물을 어떤 영원한 필연성에 의해서 인식하며 존재하는 것을 결코 멈추지 않고 언제나 영혼의 참다운 만족을 소유한다. 이제 여기에 이르는 것으로서 내가 제시한 길은 매우 어렵게 보일지라도 발견될 수는 있다. 또한 이처럼 드물게 발견되는 것은 물론 험준한 일임이 분명하다. 만일 행복이 눈앞에 있다면 그리고 큰 노력 없이 찾을 수 있다면, 그것이 모든 사람에게서 등한시되는 일이 도대체 어떻게 있을 수 있을까? 그러나 모든 고귀한 것은 힘들뿐만 아니라 드물다. *Sed Omnia praeclara tam difficilia, quam rara sunt.*"

–《에티카》, p.367, 서광사

월급쟁이 삶을 마냥 벗어난다고 단번에 기뻐지는 것은 아니다. 이러지도 저러지도 못하는 난감한 삶의 사면초가에 우리는 빠져 있다. 언젠가 꽃 피울 줄 알았던 인생은 점점 꽃 피울 확률이 줄어든다는 걸 자각한다. 세월은 간다, 어쩌면 꽃 피울 수 없을지도 모른다는 조바심을 체념과 맞바꾼다. 그래서 삶의 관조, 생각의 성숙, 행동의 신중함 같은 그럴싸한 말들로 섞어버리는 것이다. 말을 못 알아들으니 죽여도 좋다던 어느 백인 장교의 말처럼 월급쟁이 회사인간의 삶은 꽃 피지 못한 채 잊혀도 좋은 세월인가? 그 세월의 보상으로 월급 받지 않았느냐는 말은 위안이 될 리 없다. 열심히 살면 꿈을 이룰 거란 희망은 삶을 논리의 문제로 교묘하게 바꾼다. 삶은 논리도, 수학도 아니다.

월급은 그저 스쳐 지나가는 것이다. 이 환난 통에 우리는 목도한다. 단 한 번 거른 월급에도 사니마니 한다. 이래서 월급은 파괴력을 가진 구체성이다. 먹으려면 벌어야 하고 살려면 일해야 하는데 그 안에 월급이 있다. 월급은 우아하지 않다. 배고프기 전 오로지 밥만 생각나더니 먹고 나면 언제 뭘 먹었는지조차 알 수 없는 끼니 같은 게 월급이다. 끼니처럼 돌아오고 끼니처럼 지나가는 것, 그것이 월급이다. 우리는 지금 모든 지나가는 것에 목숨 걸고 있는 것이다. 어제 받았던 모든 월급은 지금 내 앞에 남아 있는 게 없다. 조금 더 근사하게 먹고 살 방도는 없는가? 스피노자를 소환하자. 그는 월급쟁이 회사인간을 끝까지 지키려 한 따뜻한 마음을 가진 사람이다. 지금은 그의 무덤조차 없지만 그가 죽은 자리를 아무도 모르기 때문에 우리 안에 여전히 살아 있는지 모른다. 그는 이렇게 말했을 것 같다.

"조금씩 나아가는 수밖에 없다. 조금씩 조금씩 그러나 쉬지 않고 하나도 빠뜨리지 않고 서서히, 부드럽게, 천천히 그리고는 때가 왔다 생각되면 가차 없이!"

회사인간 알바트로스(보들레르와 스피노자, 그리고 장주)

자유롭게 하늘을 나는 그 날개가 문제다. 신천옹으로 불리는 알바트로스는 가장 활공을 잘하는 조류 중 하나다. 3m에 이르는 날개로 바람 부는 날에는 날갯짓을 않고도 수 시간 동안 떠 있다. 한 번에 5,000km(서울에서 오스트레일리아 북부까지의 거리)를 날아간다. 아름다운 지구의 바다와 하늘을 배경으로 비행하며 대륙을 건넌다. 그런데 그 긴 날개 때문에 땅에 내려오면 제대로 걷지를 못한다. 지나치게 큰 날개 때문에 뒤뚱거리고 넘어지기 일쑤다. 절벽이나 높은 산처럼 상승기류의 도움을 받을 수 있는 곳이 아니면 스스로 힘으로 날아오르기도 쉽지 않다.

19세기 프랑스 시인 보들레르(Charles Pierre Baudelaire, 1821~1867)는 그의 유일한 시집, 《악의 꽃(Les Fleurs du mal)》에서 시인 자신을 알바트로스에 비유한다. 새파란 창공을 자유롭게 날 수 있게 하는 큰 날개는 진흙탕 세상을 사는 데 아무런 도움이 되지 않고 오히려 거추장스러울 뿐이다. 깊은 사유와 넓은 형이상학적 시선을 지니고 무한과 자유에 닿기를 꿈꾸지만, 이겨야 하고, 밟아야 하고, 화내고 절망하고 얍삽해야 살아갈 수 있는 구체적인 삶 앞에서 자유는, 큰 날개는 맥을 추지 못한다. 시인은 세상에 농락당하고 넘어지는 알바트로스에 자신을 투사한다. 핍진한 세상이 자유로운 인간을 조롱한다.

신천옹 *(알바트로스)*

- 보들레르

혼히 재미 삼아 뱃사람들은
커다란 바닷새, 신천옹을 잡는다
태평스런 여행의 이 동반자는
길은 바다 위로 미끄러지는 배를 따른다

일단 갑판 위에 내려놓으면
이 창공의 왕들은 어색하고 수줍어
가련하게도 크고 흰 그 날개를
노처럼 그들 옆구리에 끌리게 둔다

이 날개 달린 나그네
얼마나 어설퍼 기가 죽었는가!
전엔 그처럼 아름답던 그가
얼마나 우스꽝스럽고 추한가
어떤 친구는 파이프로 부리를 건드려 약을 올리고
다른 친구들은, 창공을 날던
이 병신을 절름대며 흉내 낸다

시인도 구름의 왕자와 같아서

폭풍우를 다스리고 사수(射手)를 비웃지만

야유 소리 들끓는 지상으로 추방되니

거대한 그 날개는

오히려 걷기에 거추장스러울 뿐.

알바트로스, 날개를 편 길이가 3~4m, 몸길이가 91cm에 달한다

알바트로스는 자유로운 인간의 자기 투사다. 사회에 태어난 한 인간의 자유는 늘 무시당하고 제약당하며 억압된다. 인간이 인간과 관계 맺고 사는 사회에선 자유라는 게 실현될 리 없다. 자유로운 인간은 거대한 악에 빠진 사회를 비웃는다. 악의에 찬 현실에는 수천 년 세월에 걸쳐 뭉쳐진 폭압적인 권위와 맹목의 수동이 똬리를 틀고 있다. 그것들을 배경으로 하는 상징들, 학교, 회사, 교회, 국가, 민족에 우리는 거짓된 경의를 표한다. 그때 우리 영혼 속에 발생할지도 모르는 금욕적인 화학작용이 인간의 자유를 위험하게 만드는 것이다. 자유로운 인간이 이런 사회적 역린을 건드리면 낙인과 조롱이 따라다닐 뿐이다. 그러므로 시인, 세상의 금욕적 화학작용이 침범하지 못하는 사람, 즉 자유로운 사람의 날개는 세상 살기엔 적합한 게 아니다. 스피노자의 《에티카》에서는 보들레르의 알바트로스 개념을 선취하여 기술하고 있다.

"정리 70) 무지한 사람들 사이에서 생활하는 자유로운 인간은 가능한 한 그들의 친절을 피하려고 노력한다. 주석: 나는 '가능하면'이라고 말한다. 왜냐하면 그들이 비록 무지한 사람들일지라도 역시 인간이며 급한 경우에는 최선의 인간적 도움을 가져다 줄 수 있기 때문이다. 그러므로 그들로부터 친절을 받아들이며 그들의 기호에 따라서 그들에게 감사하는 것이 필요하다. 친절을 피하는 데서도 우리가 그들을 경멸하는 것으로 보이지 않도록 또는 우리가 탐욕 때문에 보수를 두려워하는 것으로 보이지 않도록 신중하지 않으면 안 된다. 즉 그들의 미움을 피하려다가 그들을 분노하게 해서는 안 된다. 그러므로 친절을 피할 때 이익과 명예를 고려해야만 한다."

―《에티카》, p.311, 서광사

어쩌면 보들레르는 스피노자의 《에티카》에서 '알바트로스'를 착안했는지도 모를 일이다. 스피노자의 날카로움이 보들레르에 박혀 통렬한 시로 살아난다. '알바트로스'를 스피노자가 해제한 게 아닌가 싶을 정도로 피상적 세계에서 살아가는 자유로운 인간의 모습이 흡사하다. 그렇다면 회사인간은 날 수 없는가? 혹시 회사인간, 우리에게도 우리가 알지 못하는 커다란 날개가 있어서 그 날개를 감추고 다니느라 세상사는 게 이리도 힘든지 모른다. 날개가 있다는 걸 알지만 어설프게라도 펴 보일라

치면 그 날개로 살아갈 사나운 세상이 무서워 스스로 잘라버린 지도 모를 일이다. 그러나 2천 5백 년 전 '장주'는 회사인간, 그대가 가진 날개를 펴 보이는 걸 무서워하지 마라 이른다.

"북극 바다에 고기가 있는데 그 이름을 鯤(곤)이라 하였다. 곤의 길이는 몇 천리나 되는지 알 수가 없다. 그것이 변하여 새가 되면 그 이름을 鵬(붕)이라 하는데 붕의 등도 길이가 몇 천리나 되는지 알 수가 없다. 붕이 남극 바다로 옮아 갈 적에는 물을 쳐서 삼천 리나 튀게 하고 빙빙 돌며 회오리바람을 타고 구만 리나 올라가며 육 개월을 날아가서야 쉬게 된다고 하였다. 매미와 작은 새가 웃으며 말하였다. '우리는 펄쩍 날아 느릅나무 가지에 올라가 머문다. 때로는 거기에도 이르지 못하고 땅에 떨어지는 수도 있다. 무엇 때문에 9만 리나 높이 올라 남극까지 가는가? 작은 지혜는 큰 지혜에 미치지 못하고 짧은 동안 사는 자는 오래 사는 자에 미치지 못한다. 아침 버섯은 아침과 저녁을 알지 못한다. 쓰르라미는 봄과 가을을 알지 못한다. 이것들은 짧은 동안 사는 것들이다."

－《장자》, p. 36~39 요약, 연암서가

보들레르의 알바트로스와 스피노자의 자유로운 인간, 장주의 붕(鵬) 새는 정확하게 겹쳐진다. 자유로운 인간은 없다. 조건 지어진 육체와 피와 살이 있는 한 인간은 자유로울 수 없다. 자유는 무한의 영역이고 인간은 유한의 세계에 있다. 무한을 꿈꾸던 인간들, 그러므로 오랫동안 모든 시인과 철학자의 유일한 관심사는 자유였다. 알바트로스의 날개는 하늘에서는 마음껏 날 수 있는 자유를 선사하지만, 지상에선 그 자유로 인해 살기가 어렵다. 그러나 거추장스럽다는 이유로 날개를 없애면 자유의 가능성은 영원히 사라진다. 조건 안에서 자유로울 수 있는 인간, 조건을 넘어서는 인간, 보들레르와 장자, 그리고 스피노자가 꿈꾼 인간이다. 회사인간이라는 초라한 가면을 쓴 나는 어떤 인간이고자 하는가?

단 한번 바람을 타고 날게 되기를 바란다. 누군가가 시켜서 하는 일이 아니라 자신이 시켜서 하는 일을 하게 된 사람은 매일을 구만 리 장공(長空)을 날아다니는 환희로 살게 되리라 믿는다. 우리는 비록 자각하지 못하는 월급쟁이 알바트로스지만 그래서 그럭저럭, 시시하게, 어렵지 않게 비난받지 않으며 세상 둥글 둥글 살아가지만 큰 날개가 있다는 걸 알게 되는 순간 지체 없이 날아오르리라. 대륙을 건너고 대양을 넘나들며 아주 높은 곳에서 아주 먼 곳까지 이마에 손을 얹고 보리라. 비록 비난과 조롱을 견디며 위험에 빠지더라도. 몰락은 자유로 가는 길이니 기꺼이 몰락하리라.

딴짓, 사랑, 자유 그리고 욕망

50세가 다 되어가는 악우(岳友)가 암 벽등반 중 절벽에 매달려 전에 없이 환하게 웃는다. 그간 처자식 건사하고 빤한 월급쟁이 생활을 근근이 이어가며 정신없이 살았다. 처지가 처지인지라 산이 곁에 있는지도 몰랐다던 그였다. 늦게나마 수직의 큰 벽을 오르겠다는 마음을 먹었고 열일 제쳐두고 암벽훈련에 매진하는 중이라고 했다. 그저 즐겁다고 했다.

사람들은 그를 보고 늙발에 딴짓한다고 혀를 차지만, 나는 기쁨에 흠뻑 젖은 그의 마음을 조금이나마 알겠다. 그의 딴짓은 그를 지옥의 삶에서 살려낼 거라는 걸 안다. 그는 올 여름 미국 요세미티 국립공원 수직고도 1,000m 거벽 등반을 계획하고 있다. 직장 다니면서 없는 시간 쪼개가며 준비하고 있다. 그렇지만 아니나 다를까 그는 주위의 반대에 고개를 들고 다니지 못했다. 딴짓도 정도껏 해야지, 위험한 그곳을 도대체 왜 가냐고 사람들은 그를 보고 말했다.

세상엔 현자들이 많다. 25년간 하루도 빠지지 않고 출퇴근해오던 그에게 더 일할 것을 강요한 사람들은 다름 아닌 세상의 현자들이다. 현자는 때로는 부모의 모습으로 더러는 남편과 아내의 모습으로 더러는 친구, 동료의 모습을 하고 나타난다. 선생님, 직장상사, 교수, 언론을 막론한 현자들의 충고는 얼마나 값지고 고귀한가. 현자들은 세상 물정에 통달했다. 그러나 50년이 지나 이제야 자신의 모습으로 살겠다는 사람에게 그들이 하는 말이라곤 '가장답게 살아야 한다' 게 고작이었다.

현자들은 자신의 생각이 세련되고 진보적인 생각이라 여기며 잔인한 삶에 자신을 구겨 넣는 사람이다. 현실적으로 말하면 체제 협력자다. 진리담지자 같은 너털웃음을 웃는다. 그들은 직장인을 자아실현의 훌륭한 사다리라 말한다. 처세의 천한 기술에 지나지 않는 것들을 현학적인 언문으로 추앙한다. 월급쟁이는 숭고한 사명감으로 점철된 위대한 존재가 아니다. 월급쟁이는 서둘러 벗어나야 할 인간의 안타까운 모습일 뿐이다. 그 어떤 심미적인 말로 '월급쟁이 회사인간'을 포장해선 안 된다. 그 자리에 눌러 앉히기 위해 위선적인 주인의 논리를 펴선 안 되는 것이다. 삼공의 벼슬도 종놈 한 가지라 하지 않던가.

노예는 사랑할 자격이 없다. 사랑은 자기 삶의 주인만이 할 수 있는 것이다. 노예가 스스로 하고 싶은 일을 하고, 딴짓을 하고, 사랑에 빠지는 걸 주인은 원하지 않는다. 그렇게 되면 노예는 주인이 원하는 걸 하지 않기 때문이다. 그러므로 주인은 동원할 수 있는 모든 수단으로 노예가 사랑에 빠지는 사태를 막는다. 그들은, 현자는, 회사는 직장생활 하는 중에 월급쟁이가 거벽에 오르는 일을 딴짓이라 말한다. 아무것도 하지 않고 일만 했으면 좋겠다고 말한다. 아무것도 사랑하지 않고 그저 노예로 있어 주기를 바란다. 그러므로 딴짓은 노예가 사랑하는 대상을 찾을 수 있는 유일한 탈출구이자 방법이다.

우리는 죽는다. 결국 죽게 되어 있다. 언젠가 죽는다는 걸 아는데 굽신거릴 것인가. 만국의 월급쟁이들은 무던한 딴짓으로 사랑(하는 일)을 쟁취해야 옳다. 사랑하면 주인 되니 그때는 자유니라.

월급쟁이가 꿈꾸는 욕망

우리는 모두 다르지만, 취향, 행동, 언어, 습관까지 모두 같은 게 하나도 없지만, 직장에서 월급쟁이 정체성이 삶을 지배하는 한 우리는 의도치 않게 같아진다. 월급쟁이에게 회사는 일말의 인간적 감각을 요구하지 않는다. 파란 하늘, 흰 눈, 들판의 냄새, 산정 풍경 등에 관한 개인의 서정은 철저하게 배척한다. 물론이다. 말할 필요도 없이 그런 것들은 회사에서 요구되지 않고 요청할 수 없는 것들이다. 대리는 대리가 해야 할 일이 있고 과장은 과장으로서 도달해야 할 성과가 따로 있다. 부장과 임원은 각자 나름의 역할이 분명하게 있고 업무분장과 위임의 범위에 따라 해야 할 일은 철저하게 정해진다. 사람이 아니라 직책이 한다. 직급이 하는 일이고 직위가 하는 일들이다.

물론 선진적이라 말하는 기업들은 호칭까지 바꿔가며 직급 파괴와 공고한 수직의 벽들을 허문다고 하지만, 오해하지 말아야 할 것은 회사는 개인성과 다양성, 인간적 욕망이 용인되는 곳이 아니다. 직장에서는 인간의 많은 감각과 통찰 중에 오로지 기계적 논리 작동만을 원한다. 확장해보자. 회사와 직장에서만 그런가, 사회와 국가는 어떤가. 그들이 부추기는 욕망으로 다양한 개성을 표현하지만, 그 욕망이 누구의 욕망인지 우리는 모른다. 텔레비전에 흐르는 광고의 욕망인가, 포털에 오르내리는 언론의 욕망인가, 기업의 욕망인가, 부모의 욕망인가, 사회의 욕망인가, 욕망의 욕망인가? 개성을 표현하고 다양한 개인이 출현했다지만 개성과 개인들은 한결같이 닮았다. 기후변화의 속도로 우리는 같아지고 있다.

취업이 일생일대의 꿈이었던 사람조차 일하기 시작하면 행복하지 않다. 그토록 바랐던 꿈이 이루어진 순간인데 그들은 왜 행복하지 않은가. 우리가 월급에 목이 매이면 매일수록 돈이 부족한 이유는 무엇인가. 우리의 결핍이 커질수록 그들의 지배가 커지는 이유는 무엇인가. 월급날 왜 어깨를 축 늘어뜨려야 하는지, 왜 허탈한 뒷모습을 보일 수밖에 없는지, 터덜터덜 걸어가는 모습에서 우리는 무엇을 털렸고 어디서 기진하고 무엇 때문에 맥진했는지 알 수 없다.

자기 삶이 아니었기 때문이다. 자신의 꿈이 아니었기 때문이다. 취업해서 번듯한 어른으로 거듭나는 건 남들이 원하는 욕망이었기 때문이다. 부모의 욕망이었고, 선생과 교수의 욕망이었고 이 사회의 욕망이었다. 우리는 육감적으로 안다. 수많은 경쟁을 물리치고 들어온 회사를 나갈 수 없다. 어떻게든 붙잡고 있어야 한다. 꿈이니 딴짓이니 다른 소리를 해대도 남 일처럼 귀를 닫고 야만적인 일상에 자신을 구겨 넣어야 하는 것이다. 우리의 고민, 혼자 늦은 밤 텔레비전조차 꺼야 하는 시간, 밀려오는 삶의 공허함, 자기도 모르게 여기까지 떠밀려온 삶이 측은하다.

프랑스 철학자 라깡은 내 욕망에 접속한 그 순간 즉 내 이상과 꿈이 실제계와 맞닥뜨린 그 찰나를 '쥬이상스(Jouissance)'라 불렀다. 내 욕망을 찾아낸 열반 같은 쾌락의 순간 말이다. 꿈을 이루기로 마음먹는 순간 세상이 달라 보이는 자각, 자유로운 결정의 순간의 일종의 쾌감 같은 것 또는 주위를 온통 감싸는 희열. 그것은 무시간적 공간에 있는 것이어서 앞으로 닥칠 일들을 장악하며 이끌어가는 주체적 자아가 된 느낌, 삶의 두려움이 순간 말끔히 사라지고 사위가 자신감으로 둘러싸이는 느낌이다. 지구를 통째로 들고 흔들고 있다는 착각 같은 것이다. 어느 날 벼락같이 자신이 하고 싶은 일을 발견하고 그것을 이루기 위해 자신을 거는 무모함이다. 스피노자는 한계가 명확한 유한자를 자각하는 순간 무한을 인식할 수 있다고 말한다. 직장에 몸담을 수밖에 없고 월급 없이는 아무것도 생각할 수 없는 연약한 유한자이므로 월급쟁이 회사인간은 월급쟁이 너머의 삶으로 다가갈 수 있는 것이다. 내가 욕망하는 것들을 가만히 들여다보는 것, 그 욕망에 한 걸음 한 걸음 다가가는 길 위에 서는 것, 벼랑 위에 나를 세우듯 그 길 위에선 나를 믿는 것 말고는 방법이 없다.

내 일터로 걸어 들어온 철학자

먼 우주의 변방에 은하가 있고 은하의 변방에 다시 태양이 있고 태양의 변방에 있는 둥그런 지구에 너는 산다. 얼마나 살지 모르지만 너는 산다. 사는 동안 특별하고자 노력했으나 특별하진 않았고 그저 평범한 회사인간으로 살고 있다. 이뤄냈다고도 할 수 없는 작고 변변찮은 성취들은 삶의 곳곳에 나타났다 사라졌다 한다. 밥과 꿈 사이, 굴종과 해방, 억압과 자유 사이를 늘 떠돌고 그것들의 중간 어디쯤 편안한 자리, 사납지 않은 곳, 책임지지 않아도 되는 지점 어딘가에 거처를 두고 삶이 거칠어지지 않기를 바라며 산다. 인간은 보통 70에서 80살 언저리를 살다 간다면 그래서 너에게도 큰 변수가 생기지 않는다면 30년 또는 40년을 조금 더 살다 죽을 것이다. 다시 다른 변수가 없다면 영원히 이 삶은 반복된다. 영원회귀는 심오한 윤회를 빗댄 것이 아니라 지금 바꾸지 않으면 영원히 바꿀 수 없다는 경고였다. 바로 지금의 정신 말이다. 계몽의 시대에 사람들은 내 말을 이해하지 못했다.

'우리는 계몽되었고 우리는 무감각해졌다.' 선사시대, 모음으로만 대화를 나누던 사람들과 노트북을 앞에 놓고 있는 그대 중 누가 지혜로울까? 근대 계몽주의 이후 삶과 앎은 분리되었기에 앎의 확장은 삶을 더 흥분시키지 않는다. 냉소주의는 알지만 그렇게 살지 않고, 말하지만 그렇게 행동할 필요가 없는, 앎과 삶, 말과 행동이 분리된 근대의 부조리를 보여주는 현상이다. 욕망은 있지만 아무것도 표출하지 못하는 소심함, 두려움으로 삶을 둘러싸이게 하고 평균적 삶으로 퇴각하는 인간의 저열한 형태, 월급쟁이! 그렇지 않았는가, 마흔도 일찌감치 지나갔고 나이 먹어 돌아보니 지나간 삶은 움켜쥔 손의 바람처럼 빠져나가고 없다. 아마 남은 삶도 그러할 것이다. 너는 딱 반이 지났다. 인생 반 고비에 이르러 생각건대 약간의 사회적 책임과 가족을 건사해야 하는 일종의 남성적 또는 여성적 의무로 무장되어 있어서 이제껏 살아왔던 삶의 관성이 지속될 터, 획기적인 새로운 삶으로의 전환은 어려울 것이다. 나만은 특별한 삶을 누릴 거라 생각하고 사는 동안 약간의 몸부림을 치겠지만 네 과거와 삶의 고비마다 보여 왔던 배포로 미루어보건대 삶을 통째로 바꾸어버리는 일은 쉽진 않겠다. 그렇게 살다가 마침내 아무도 용서하지 않겠다는 뾰로통한 얼굴로 관 속에 처박힐 테지.

그렇지 않던가, 삶은 후회라는 것을 하고 말 것도 없이 그저 사는 것이다. 투쟁하는 전사도 항거하는 열사도 평범했던 회사원도 돈 못 벌어 환장하는 사장님도 늘 후회를 달고 살겠지만, 사람이 살고 죽는 곳에서 후회 해 본들 죽은 삶이 살아나고 살아있는 삶이 죽게 되더냐. 당당하지 않을 이유가 없고 늘 당당해야 할 이유가 없다. 그러므로 사는 대로 살지 않을 이유가 없고 주어진 대로 살아야 할 이유도 없는 법이다. 어려운 역설이겠거니 여길 테지만 생각해 보아라. 태어났을 때부터 죽음을 향해 달려가는 것이 삶이니, 죽기 위해 살아야 하는 역설이 역설 중에 역설이다. 이보다 더한 부조리는 세상에 없다. 그렇지만 어쩌면, 너는 너를 만날 수 있을지 모른다. 인간과 인간 사이, 네가 속한 집단들 사이, 의무와 책임의 사이, 관계와 인연의 사이 그 어디에도 존재하지 않는 너를 너는 언젠가 만날 수 있을지 모른다. 그리 될 것이다. 너의 원형. 잡혀지지 않고 짐작할 수 없고 대면할 수도 없지만 끊임없이 네 자신과 대화하기를 멈추지 않는 너의 원형 말이다. 그 원형에 너는 사로잡힐 때가 올 것이다.

네 자신은 너를 기다리고 있지만 너는 네 자신을 만날 수 있는 조건이 되지 않았을 뿐, 너를 기다리고 있는 너의 원형을 너는 언젠가 만날 수 있다. 아마도 그것은 네가 위험해질 때, 그러니까 더 이상 밥, 굴종, 억압 같은 것들을 위해 네 삶을 허비하지 않을 때, 사회적 책임과 여성적 또는 남성적 의무에서 벗어날 때, 내가 나임을 비로소 포기할 때 만날 수 있다. 너를 에워싼 가면에서 툭 하고 떨어져 나온 네 자신을 온전히 대면할 수 있을 때, 두려움을 온전히 바라볼 수 있는 용기를 가질 때 마침내 너는 너를 기다려온 너와 함께 황금 식탁에서 마주할 수 있을지 모른다. 단 한 순간도 허송하지 않고 너는 네 자신을 기다려야 한다. '근대인에겐 항상 시간이 없다. 자신이 익을 수 있는 때를 기다릴 수 없다는 것, 그것이 근대인의 문제다. 근대인들의 세기는 과도한 노동의 세기이며 그렇게 해서 닳아 없어지는 세기다.' 기다림의 의미를 알아야 한다. 지하철이 을지로 역으로 미끄러져 들어오기를 기다리는 건 기다리는 것이 아니다. 기다림은 치열한 자기 각성과 준비다. 기다리지 않는 자에게 용기와 사랑은 과분하다.

사랑은 창조하는 것이다. 이 사회를 사랑하는 것은 네가 사랑할 수 있는 사회 하나를 만들어 내는 것이다. 마찬가지로 나를 사랑하는 일은 내 스스로 보기에 근사한 나를 창조하는 것이다. 나를 창조한다는 말은 내가 기꺼이 사랑할 수 있는 대상으로 나를 만들어 내는 것이다. 자신을 사랑할 수 있으려면 네 스스로 만들어 가야 한다. 지금 너는 자신을 사랑할 수 있는가? 그렇지 않다면 너는 어떻게 너를 만들어 가야 하는가? 닿을 수 없는 아름다운 나를 상정하라. 만들어진 결과의 나가 아니라 만들어가는 과정이 창조하는 일이자 스스로를 사랑하는 일이다.

네가 자랑스러워하는 너는 도대체 누구여야 하는가? 그것은 조그만 성취의 누적으로 만들어질까? 인격의 완성을 위해 매일을 도야에 매달려야 할까? 하고 싶은 일을 하는 자유를 위해 지금을 헌납해야 할까? 그렇게 해서 만들어지는 나는 내적 가치가 세워진 의젓한 인간일까? 돈을 많이 버는 인간일까? 스스로 답하여라. 내가 나를 혐오하는 지금에서 사랑하는 나로 옮아가기 위해 네가 해야 할 당장의 일들은 무엇인가? 상상하라. 생각하면 통쾌한 장면 하나를 상상하라. 그 장면은 네가 스스로 상상하고 창조한 그대일 테니 그 장면을 위해 사는 것, 가꾸어 가는 것, 만들어 가는 것이다. 이것이 바로 '나는 나를 기다린다'는 의미의 진위다. 더 강하게, 더 악하게, 더 깊게 하지만 더 아름답게 나를 나 자신으로 만들어 가는 것. 두려워하지 마라. 너는 이미 너 안에 있다.

니체(Friedrich Wilhelm Nietzsche), 독일 시인, 철학자(1844-1900)

서서히, 신중하게, 부드럽게, 그러나 가차 없이

그대가 하루의 반을 여기 앉아 하는 일이라는 게 오로지 무언가를 팔기 위해서인가? 그것이 많이 팔린다는 건 그대에게 어떤 의미인가? 그대의 전 생애를 걸쳐 이룬 노력들이 단지 물건과 서비스를 많이 팔기 위한 필사적 헌신이었나? 그 시간이 지난 뒤 당신은 무엇이 되어 있는가? 여전히 삶은 고달픈 노동으로 보는가? 고달픈 노동을 사랑하며 빠르고, 바쁘고, 새로운 것들을 선망하는 그대의 근면함은 도피이자 자신을 망각하려는 공허한 의지다. 나는 그대가 종말의 인간이 아니길 바란다. 독창성 없는 교양만을 지닌 채 현실에 만족하는 자들 말이다. 그들은 '우리는 행복을 발명해 냈다'며 힘차게 눈을 깜빡이지 않는가. 그런 행복으로는 끝내 모욕의 삶을 끊어내지 못할 것이다.

　그대에게도 위대함으로 가는 길은 남아 있다. 무릎을 꿇고 마음껏 짐을 싣게 두는 낙타처럼 모욕을 잘 견디는 인간은 그대와 어울리지 않는다. 형제여, 사자와 같이 스스로 명령하는 인간이 되어라. 사는 법은 죽는 법에 달려 있다. 그대 먼저 재가 되지 않고서는 다시 무언가가 되기를 바라선 안 된다. 지금 거부하지 않으면 오늘 모욕의 삶은 영원회귀하니 그대가 오늘 지금, 시간을 들여 치장한 파워포인트 보고서는 일만 년 뒤에도 여전히 만들고 있을 것이고 처지를 한탄하면 입에 물었던 담배도 일만 년 뒤에 똑같이 물고 있을 터. 지금 No라고 말하지 않으면 치욕의 삶은 영원히 반복된다. 이것이 내가 말하는 영원회귀의 어두운 면이다. 지금 너는 온갖 너저분한 짐을 싣고 뒤뚱거리는 낙타다. 짐을 벗어 던져라. 모욕의 일들을 툭하고 내려놓으라. 그리하여 얻어진 자유는 일만 년을 가리라. 네 스스로의 명령 속에 삶의 모험은 준비된다. 자신의 모든 것을 걸어 스스로 명령을 내려라. 그대 삶을 믿어보라.

그대는 모르는 사이 사회가 들씌운 온갖 가면, 페르소나로 덮여 있다. 그것을 알게 되면 가면을 한 꺼풀씩 벗겨내는 시도로 사회와 싸우게 된다. 페르소나와 그대는 한데 엉겨있어 메스를 깊게 들이댈수록 고통스럽지만 견뎌라. 고작 그것밖에 되지 않는가. '그대는 그대를 견딜 수 없는 것인가?' 회사인간, 그 너저분한 모욕의 삶부터 정리하고 벗겨내라. 서서히, 신중하게, 부드럽게, 하지만 가차 없이!

회사인간은 나 짜라투스트라가 증오하는 '현자(顯者)'다. 똑똑한 채 하지만 행동하지 않는 자들, 바른 길은 애초에 관심이 없고 자신의 길도 도무지 알지 못하는 회사인간의 삶은 가엾다. 나는 종국에 그대 삶이 부정되고 부끄러워지는 사태만큼은 막고 싶은 것이다. 정신 차려라.

니체의 회사인간 변주

선사시대 지구에 살던 모든 인간의 지식의 합보다 옆집 초

등학생 6학년 세령이의 지식이 더 많을지 모르는 오늘이다. 유래 없는 폭발적 지식은 과연 우리를 행복으로 이끌었을까? 우리는 우리 내면에 서식하는 도덕과 윤리적 가치에 관해 의심한 적이 없다. 의심한 적 없는 그것은 사실 세상의 가치였음을 니체는 지적한다. 나 아닌 세상의 윤리, 세상의 도덕, 세상의 가치를 내면화하고 스스로 제어하고 억압한 것이 지금의 당신이라 말한다. 어쩌면 확실하다고 믿는 우리의 소소한 행복조차 당신의 행복이 아닐 거라고 말한다. 남들이 편안해 하는 장면에서 당신이 편안해하고, 남들이 맛있다고 여기는 음식에서 당신도 맛있어 하며 행복을 느낀다면 거의 모든 당신의 행복은 세상에 길들여져 있거나 만들어진 거짓 행복일 가능성이 높다는 것이다. 그리고 묻는다. 당신이 불행한 이유가 무엇인지 도대체 알고 있기나 하냐고.

저서 《서광》에서 니체는 관점주의를 설명한다. 개구리는 사람처럼 먼 곳을 보지는 못하지만 눈앞에서 벌어지는 상황과 사물은 인간이 보는 시각보다 열 배 크게 보인다고 한다. 아무리 빠르고 작은 벌레라도 개구리 눈 앞을 지나가게 되면 백발백중

먹히지 않을 수 없게 되는 것이다. 마치 개구리의 시각이 인간과 확연한 차이를 보이는 것처럼 각자의 관점, 퍼스펙티브는 타자와 완벽하게 다르다. 각자의 행복은 오직 자신만이 알 수 있다. '페르소나'는 니체철학의 핵심이다. 태어나자마자 들씌워진 자식으로서의 인간, 사회적 인간, 학교의 인간, 회사의 인간, 부모의 인간, 어른, 남편, 아내, 친구, 스승, 부장, 과장, 대리.. 온갖 가면을 쓴 채로 살아가고 그 가면에 걸맞는 윤리와 도덕을 마치 제 옷 인양 입고 있다. 인간은 세계를 부단히 위조하며 살아간다. 때문에 살면서 늘 결정적 순간을 노리고 있지만 실제 때가 오면 슬그머니 발을 빼는 슬픈 패배를 되풀이한다. 이와 같이 우리는 자신의 미래를 현실로부터 지켜 낼 힘을 스스로 제거함으로써 다른 사람들의 인생과 생각에 복종하는 것이다. 우리는 가면을 벗고 나만의 퍼스펙티브를 찾을 수 있을 것인가?

'어쩌면'은 니체가 가장 사랑한 부사다. 어쩌면 세상이 틀린 길로 가는지도 몰라, 어쩌면 나는 내가 아닐지도 몰라, 어쩌면 그것은 거짓인지 몰라, 어쩌면 내가 알고 있는 도덕은 도덕이 아닐지도 모른다. '어쩌면'은 지금의 가치를 무화시키고 미래로 인도하는 부사다. 니체의 '어쩌면'이라는 부사를 두고 프랑스 철학자 데리다는 아직 존재하지 않는 것(ce qui n'est pas encore) 혹은 더 이상 존재하지 않는 것(ce qui n'est plus)을 완전히 현재적으로 말하는 방식이라고 했다. 즉, 이미 결정된 것으로 보이는 과거를 다시 유동하게 하는 말이고 아직 오지 않은 미래를 도래하도록 당기는 말이다. 그러므로 '어쩌면'이라는 부사는 지금 여기에 도래할 사건을 사유하게 하는, 도래하는 것을 맞이하는 실천적 단어다. 철학자 고병권은 '어쩌면은 율법에 대한 의심이자 율법의 효력 정지'[8] 라고 설명한다. 그러므로 이 단어는 참으로 도래하는 철학자를 수식하는 말이라 할 수 있다. 세상의 율법을 더 이상 따르지 않는 것, 가치에 가치를 다시 묻는 이른바 가치의 전도는 '어쩌면'을 조용히 되뇌이는 지점에서 시작된다.

행복하고 싶은가? 세상이 불행으로 간주하는 곳으로 전진하라. 기어코 찾아낸 자신의 행복은 숨겨라. 귀중하고 손상되기 쉬운 어떤 것을 숨기고 있어야 할 사람은 무거운 쇠테가 박히고 푸른 이끼가 많이 낀 낡은 포도주통처럼 평생을 투박하게 둥글

---

8 《다이너마이트 니체》, 고병권, p. 86, 천년의상상

둥글 굴러다닌다. 그의 섬세한 부끄러움이 그렇게 하기를 원하니까. 그리고 무로 향하는 조각배에 올라타자.

저기 조각배가 떠 있다.

길은 아마도 저 너머 광대한 무로 나 있으리라.

그러나 그 누가 '어쩌면'이라는 것에 올라타려 하겠는가?

- 니체, 선악의 저편 중에서

3장 _

**최대한 살고
남김없이 산다**

회사인간의 처지를 규정하는 것들

최악은 차악을 가린다. 사람들은 최악을 욕하는 일로 스스로 정의로운 인간임을 자처한다. 쉬운 정의(正義, Justic)e다. 쉬운 정의는 차악과 다르지 않다. 차악은 오히려 최악의 몰락을 틈타 정의로 탈바꿈하고 그런 세상을 기획하는 자들에게 주인의 자리를 넘겨줄 공산이 크다는 점에서 이 시대는 정의롭지 않은 게 최선인지도 모른다. 중요한 것은 누가 되었든 세상을 지배하고 지배하려는 자들은 회사인간의 처지를 바꾸는 데 관심이 없고 바꿀 수도 없다는 데 있다. 쉬운 정의와 배설적 분노로는 처지를 바꾸지 못한다.

처지의 극복은 투쟁을 부른다. 그것은 피 냄새 나는 노력과 밥벌이의 위협이 동반되는데 왜냐하면 처지를 바꾸기 위해 자신의 처지를 규정하는 사람들과의 한판 싸움이 불가피하기 때문이다. 그러나 자신의 처지를 규정하는 상대의 처지는 또 그들만의 처지에 봉사함으로 필연적으로 처지 대 처지의 싸움을 부른다. 이 싸움은 권력이든 권위든 물리적인 파괴력을 가진 자가 승리할 수밖에 없고 패배는 곧 아무런 사회 안전망이 없는 상황에서는 자신의 밥숟갈이 위태로워지는 사태로 이어진다. 그러므로 사람들은 쉬운 정의를 얘기하고 자신의 처지에 머무를 수밖에 없다. 때문에 월급쟁이 회사인간은 늘 초라한 시민성에 머무는 것이다.

그렇지만 월급쟁이에게도 빛 볼 날이 있다. 처지 극복의 통로가 있는 것이다. 자신의 온 삶을 통째로 갈아 넣고 임원이라는 자리를 쟁취하는 것. 사회 초년생이던 지난날, 나도 이 같은 생각을 하지 않았던 건 아니지만 시간이 한참 흐른 뒤 그 생각이 잘못됐다는 걸 알게 됐다. 어째서인가, 모든 국가는 자본을 떠받치는 제도적 보루다. 기업의 직급 체계와 명운은 기업 고유의 것으로 알지만 실상은 그렇지 않고 범국가적인 체제의 강력한 뒷받침을 받는다. 이 관점에서 본다면 일 잘하는 사람(은 아니다. 일만 잘해서 임원이 될 수 있다고 믿는 월급쟁이는 없다)을 선별적으로 선택해 확실한 지위 개선과 파격적인 고임금을 선사하는 전략은 좁은 길을 열어놓은 뒤 무한경쟁을 독려하는 손쉬운 방편이다. 그것은 선택적 계급이동으로 경쟁을 부추기고 임원이라는 고결하고 복리후생에 둘러싸인 월급쟁이의 미래를 만들어 놓고 다수를 집단적 경쟁에 놓이게 하는 잔인한 의자 놀이다. 언뜻 사회생활 전반에서 패배한 월급쟁이 회사인간의 논리로 여겨질 수 있지만 몇 번의 냉정한 질문만으로도 어지간한 사람이라면 회사인간은 비정상적인 인간상이라는 걸 알게 된다.

인간의 삶을 규정하는 두 가지가 있다. 질문 이전의 삶과 질문 이후의 삶이다. 우리는 그저 선택의 연속이고 눈앞의 일을 처리할 수밖에 없는 일상을 살다 일시적 판단 중지 버튼을 누른 뒤 질문이라는 강제적 3인칭 세계로 들어간다. 어떤 질문이건 대답이 준비되었다면 그것은 역사적으로 꾀어진 서사이며 자발적 해답이다. 곧 자신의 가치관을 엿볼 수 있는 답이 될 테다. 따라서 질문은 삶 속에서 삶의 방향, 이른바 가치관을 만드는 데 일조한다. 그렇게 만들어진 가치관은 꿈과 현실 사이에 서식하는 일종의 중간계적 사유로 작용하고 그 사유가 일상적인 현실과 꿈 사이를 넘나들며 조각해 나가는 게 바로 삶이다. 따지고 보면 삶은 이미 우리가 질문하기도 전에 존재하지만, 삶의 의미 부여는 삶에 관한 근본적인 질문 뒤에 오게 되므로 질문이 있기 때문에 삶이 존재한다는 말도 맞는 말이 된다. 그저 아무 생각 없이 살아가는 삶, 그러니까 질문 전에 존재하는 것이 처지라면 질문 후에 존재하는 삶이 처지 극복이 잠재된 삶이라 할 수 있겠다.

가치관은 각자가 당면한 삶의 처지를 반영하지만, 처지와 가치관은 같지 않다. 가치관은 처지를 비웃으며 생겨날 수도 있고 동조하고 찬양하기도, 경멸하기도 하며 생겨난다. 뭉뚱그려 보면 자신의 가치관은 어쩔 수 없는 자기 경멸을 끌어안고 있다. 우리는 얼마간 스스로를 경멸하기 때문에 우리의 처지와 가치관이 생겨난다고 말할 수 있는 것이다. 그 경멸의 대상은 가끔 정당화되기도 하는데 이 모든 건 삶이 질문보다 앞서기 때문에 가능한 일이다. 경멸하는 삶을 산 뒤 느닷없이 물어오는 질문에 미리 답을 마련하지 않을 경우 염세주의자들로부터 자신의 지나온 삶 전체를 부정당할 수 있음을 명심하라.

글이 셌는데 결국 삶은 처지를 규정한다는 말을 할 수 있게 된다. 거의 모든 월급쟁이의 괴로움은 바로 이 처지가 마치 나를 비웃고 있다는 생각을 지울 수 없기 때문에 일어난다. 그 경멸은 이미 우리가 본 것처럼 삶이 품고 있는 본질과도 같은 것이고 질문하고 답을 찾으며 벗어나야 하는 수수께끼 같은 것이다. 그래서 모든 삶은 질문 직전에 처한다. 즉 질문 이전의 삶, 정당화되지 않았고 가치관이 손쓸 수 없는 상태, 그것이 처지다.

삶은 처지를 규정하고 처지는 삶을 비웃고 조롱한다. 회사 인간은 처지에 조롱당하며 산다. 자신의 꼬리를 물어 삼키는 뱀의 아가리, 고대 신화의 우로보로스(Ouroboros)적 자기모순을 안고 무한으로 순환하는 세계의 비유는 사실 이런 인간의 삶, 콕 찍어 말하면 이러지도 저러지도 못하고 스스로를 갉아 먹어야만 살 수 있는 모순에 빠진 월급쟁이 삶을 정확하게 겨냥해 놀리고 있다. 세상은 선과 악, 옳고 그름, 도덕과 윤리, 이편과 저편, 승리와 패배, 남과 여 오직 두 가지의 이분법으로만 재단되고 인간은 스스로 만든 이분법에 옭아매어진다. 회사인간은 그 너머와 그 아래의 순환을 보지 못하고 밥과 생존의 이분법만 생각하는 유치의 인간으로 축소되는 것이다. 밥으로 작아진 인간, 회사인간이다. 배가 고파 자신을 먹는 괴물, 키르티무카[9]를 두고 삶의 폭력성에서 해방된 인간성의 최고원리로 추켜세우는 우파니샤드(고대 인도 신화)를 보면 차라리 내가 나를 먹어 삶의 고통에서 영원히 벗어나는 열반과도 같은 경지에 이르러야 처지라는 법에서 해방될지도 모르겠다. 그러므로 삶, 처지에서 벗어나는 방법은 질문으로도 알 수 없는 그저 몸으로 끝없이 투쟁하며 살아야 알 수 있는 것이 되고야 만다.

---

9 키르티무카(kirtimukha)

고약한 괴물이 있었다. 그러자 그 괴물을 잡아먹으려는 또 하나의 괴물인 아귀가 나타났다. 아귀는 피골이 상접하고 사자 갈기처럼 머리카락이 사방으로 뻗쳐 있었다. 첫 번째 괴물이 놀라 시바 siva 신에게 달려 자비를 구했다. 그러자 시바 신이 아귀에게 첫 번째 괴물을 잡아먹지 말라고 했다. 아귀가 항변했다.

"그럼 나더러 어찌 하라는 것이오. 나는 배고파 죽겠소. 신이 나를 이렇게 만들었으니 나는 이 괴물을 먹어야겠소." 그러자 시바 신이 이렇게 말했다. "그렇게 배가 고프면 너 자신을 먹어라" 아귀는 발부터 시작해서 자신을 차례로 먹기 시작했다. 결국 아귀가 있던 자리에는 얼굴 하나만 덩그러니 남게 되었다. 시바 신은 그 얼굴을 물끄러미 바라보다 이렇게 말했다. "이것이 삶이다. 내 너를 키르티무카 kirtimukha라 부르리라. 누구도 너를 예배하지 않는 자는 내게로 올 수 없다." - 구본형, 《신화읽는 시간》 p. 85

우로보로스[Ouroboros]

자신의 꼬리를 물어서 원형을 만드는 뱀이나 용. 그리스어에 유래. 세계창조가 모두 하나라는 것을 나타내는 상징이다. 종교적으로는 종말이 발단으로 되돌아오는 원 운동, 즉 영겁회귀나 음과 양과 같은 반대물의 일치 등을 의미한다.

삶은 인간의 가장 사적(私的)인 영역이다. 그 양태는 각각의 사람마다 모두 다르므로 삶을 묻는 질문은 마찬가지로 개인마다 달라야 한다. 혹 같은 질문을 하더라도 대답은 필연적으로 달라질 것이다. 삶이란 무엇인가? 왜 사는가? 무엇을 위해 사는가? 라는 질문은 '나는 누구인가'와 같고, 질문에 대한 답은 오로지 살아가는 주체 즉 자기 자신만이 가능한 답이다. 이때 다른 사람이 내린 답을 가져오거나 또는 내 처지에 관해 타인의 처지를 들씌우게 되면 자신이라는 수수께끼는 영원히 풀지 못한다. 월급쟁이 회사인간의 처지에 관해 주어진 이 수수께끼를 풀기 위해선 사는 걸 중단하고 먼저 물어야 할지 모른다.

나는 내 삶의 주인인가

《인간적인 너무나 인간적인》이라는 책에서 니체는 인간 내면의 야만성을 철저하게 밝혀냄으로써 인간너머를 모색한다. 인간은 결코 인간적일 수 없다는 역설의 진위를 철학자의 예리한 눈으로 바닥까지 파헤친다. 2차 세계대전 이후 인간은 인간이 인간에게 저지른 잔혹한 살육의 자행을 목도하며 인간임을 스스로 반성한다. 인간으로서는 도무지 행할 수 없는 야만을 저질렀고 그 아래에서 살아남기 위해 어떤 짓도 해야만 했던 인간에게 인간적이라는 것은 과연 무엇인가를 심각하게 묻게 된다. 인간은 어떻게 다시 인간적일 수 있는가?

독일 사상가 테오도르 아도르노(Theodor Wiesengrund Ador

no)는 죽음의 수용소 아우슈비츠에서 생환한 직후 '인간은 이제 시를 쓸 수 없을 것'이라 했다. 이어서 그는 '그러나, 그럼에도 불구하고 인간은 시를 쓸 수밖에 없을 것'이라 말한다. 동물적 야만성이 지배하는 것이 인간이지만 그것을 극복할 능력 또한 인간은 가지고 있어서 '인간 너머'를 생각할 수 있는 주체 또한 인간일 수밖에 없다. 그는 느낌에서 사실로, 위험에서 안전으로 가는 허약한 세상을 멈추게 하는 약사여래 같은 일말의 처방을 우리 인간에게서 기대하는 것이다. 과연 인간은 수많은 야만의 힘 앞에서 사랑과 자유의 힘으로 버티며 도도히 흐르는 역사를 만들어 왔다.

유사 이래 인간이 만들어낸 모든 크고 작은 집단은 야만을 품고 있다. 좁히고 좁혀 내 안에 야만이 서식하고 있으므로 우리 안에 그것은 없을 리가 없는 것이다. 회사인간은 야만적이다. 회사 안에서 날마다 벌어지는 야만성을 우리는 늘 응시한다. 인간의 감정과 감각까지 자본화시켜 씹어 삼키려는 자본의 야만성은 물론 열정, 명예까지 승부욕으로 바꾸어 열등과 우등의 인간들이 불을 뿜어 대는 현장에서 우리는 돈을 번다. 돈으로 모든 것을 맞바꿀 수 있다는 저급한 물욕을 자극해 인간과 돈의 선후를 흔들어 놓는다. 고등교육을 받고 석사, 박사까지 배운 자들이 '얼마나 더 많이 팔까'를 고민하며 생을 바치는 곳이 우리의 밥벌이 현장이다. 어느새 회사적인, 너무도 회사적인 인간이 되고야 말았다.

월급쟁이가 자유를 선택하면 먹고 사는 생활에 치명적인 대가를 치러야 한다. 내 생사여탈권이 나에게 있지 않고 그것을 쥐고 있는 자와 공생하기 위해 기꺼이 내 시간과 몸을 거기에 갈아넣어야 살 수 있게 된 것이다. 그 사이에서 자유란, 옛 이야기처럼 영웅적 서사를 가진 자들만이 누렸던 꿈에 불과한, 잡히지 않는 것이 돼버렸다. 보편적이고 광범위한 불안과 우울이 생활을 지배한다. 월급쟁이들은 익명으로 쪼그라들고 잗다란 자유를 표방할 수 있는 곳으로 도망간다. 그들이 숨은 곳, SNS에서 보여줄 수 있는 거라곤 행복해 보이려는 안간힘뿐이다. 그것은 생활 깊숙이 팽배한 불안의 위장 같은 것, 일종의 불행의 포르노다. '좋아요'를 누르는 대신 위로와 연민을 꾹 눌러 보내야 할 판이다.

우리는 회사적이다. 회사너머로 나아가지 못한다. 회사인간은 월급 주는 사장이 원하는 삶 그 이상이 될 수 없다. 우리는 가진 돈만큼만 꿈꿀 수 있다. 가진 돈이 적으면 꿈도 작아지고 가진 돈이 없으면 꿈은 저멀리 사라진다. 세상은 월급 받는 딱 그만큼의 꿈만 내준다. 꿈을 돈 위에 세우지 못하면 월급쟁이 못 면한다. 백화점에 어슬렁거리면 왕이 된다. 깍듯한 90도 인사를 받는다. 나에게 인사하는 게 아니라 내 돈의 교환 가능성을 보고 인사한다. 백화점에서만큼은 왕이 되는 것 같다. 그래서 사고 또 산다. 소비함으로써만 자신의 존재를 확인한다. 명품관이 미어터진다는 뉴스가 오르내린다. 소비가 존재의 이유인 삶을 어떻게 부끄러워하지 않을 수 있는가. 회사적 인간은 이렇게 후퇴한다. 돈의 한계에 자기 이상과 삶을 등가화 시키는 우리는 너무도 사회적이며 회사적이다.

사람이 꿈을 꾸면 현실은 극복의 대상으로 바뀐다. 어느 철학자가 말한 것처럼 '이상주의자만이 현실주의자'가 된다. 내가 진짜 그걸 할 수 있을까, 이루기 위한 '그것'과 초라한 '지금'의 간극을 어떻게 메울까를 고민하면 그제야 내가 극복해야 할 현실이 적나라하게 보인다. 월급쟁이가 꿈을 꾸면 회사인간 정체성이 비로소 매직아이처럼 드러난다. 그것을 이루기 위해 회사로부터 얻어야 할 휴가, 수많은 설득, 눈칫밥, 당해야 할 굴욕 같은 크고 작은 억압이 나를 옭아매고 있었다는 것이 비로소 보인다. 현실주의자가 현실을 바로 보는 게 아니라 꿈을 가진 사람만이 현실을 제대로 볼 수 있다. 현실이 얼마나 추악한지를 알게 하기 때문에 꿈은 무섭고 위험한 것이다. 함부로 꿈을 꾸라고 이야기해선 안 되지만, 꿈꾸지 않으면 사는 게 아니다.

'꿈' 때문에 사직서를 쓴 적이 있다

10년 전, 꿈이 하나 있었다. 회사 다니던 중에 에베레스트를 오르려 발버둥 친 적이 있다. 평범했던 월급쟁이 회사인간이었고, 사고로 다친 발목뼈로 절뚝거리며 다닐 때였다. 아토피로 고생하던 젖먹이 아이를 둔 젊은 아빠였고 밥 먹듯 하는 야근에 끽 소리 못하던 볼품없던 신참 과장이었다. 에베레스트에 가서는 안 될 이유가 거의 전부였으나 사자의 아가리에 머리를 처넣는 고집을 부렸다. 구멍 난 양말같이 숨기고 싶은 월급쟁이의 남루한 일상이 미웠다. 시키는 일만 하다 인생 끝나겠다 싶어 단 한 번의 딴 짓을 결심했다. 시시한 일상, 양말 끝을 싹둑 잘랐다. 예상치 못한 밥벌이의 단면이 튀어 나왔다. 꿈이냐 밥이냐를 놓고 입술이 부르트도록 고민하던 끝에, 눈 질끈 감고 어금니에 힘을 꽉. 밥벌이를 걷어찼는데, 아무 일도 벌어지지 않았다. 아무것도 아니었던 밥벌이의 비밀이 폭로되는 사태를 보게 되었다. 그것은 거대한 태풍, 그 부동의 중심축에 서 있는 기분이라면 맞을까. 아니라면 꿈쩍 않는 북극성과 나 사이에 선이 쫘악 그어지는 느낌으로 설명될까. 회사인간이라는 두려움 안에 한 줄기 빛나는 자유의 존재를 목도하게 된 것이다. 그 빛에 머물러 떠나지 않고 가만히 들여다보려 한다.

내 체구는 왜소하다. 체력도 좋지 못했다. 무엇보다 부러진 다리로는 결코 세계최고봉을 오르지 못할 거라는 사실에 모두가 동의했다. 더구나 나는 직장에 매여 있는 처지였다. 또, 이제 막 뛰놀기 시작한 세 살배기 아들에게 아빠가 가장 필요한 시기였고 등반하다 다리가 부러진 사고 이력이 여전히 주홍글씨처럼 따라다니는 사람이었다. "그 다리로, 애 아빠가, 일 안하고 어딜…"
순간 쓴 웃음이 흐른다. 무슨 염치로 원정에 참여할 수 있단 말인
가. 조용히 뜻을 거두고 마음속으로 원정을 접는다. 접어야 한다.
접었다. 뜻을 꺾으니 편안했다. 히말라야 원정에 참여했을 때 겪
어야 할 가혹한 주변정리와 주위 사람들에 대한 불필요한 저항에
시달리지 않아도 되었다. 회사에서는 또 어떻게 두 달간 자리를
비울 것인가. 혹여 비울 수 있다 하더라도 뒷날 겪게 될 불이익과
후사는 불 보듯 뻔하다. 회사에서 휴가 문제가 해결된다 하더라
도 집안의 평지풍파는 어떻게 잠재울 것인가. 조용히 살면 이 모
든 문제는 일어나지 않는다. 그러나 시시때때로 울컥 솟아오르
는 악마적 갈등 또한 멈추질 않았다. 악마 메피스토펠레스는 파
우스트를 유혹한다. '이미 떠나지 않기로 마음먹은 일이지 않은
가. 불기둥에 차가운 물을 뿌려라.' 파우스트가 말한다. '아니다,
부인하지 마라 네 욕망에 솔직하라.' 메피스토는 지지 않는다. '그
렇다면 그 많은 송사는 어찌할 것이냐, 아서라, 삶이 시끄러워질
뿐이다. 거기는 사지(死地)일뿐더러 떠나 있는 기간 동안의 가족
생계는 어찌하려느냐.' 파우스트는 반문한다. '가지 못한 너를 견
딜 수 있겠느냐. 애써 이 떨림을 누를 필요는 없다.'

가슴 속 불덩이를 자신에게 도저히 숨길 수 없는 지경이 되었다. 좋다. 나는 계약한다. 내가 원정에 참여 하는 대가로 잃어야 할 것이 있다면 잃겠다. 내가 그곳에 가지 말아야 할 이유는 2박3일 동안 쉬지 않고 읊을 수 있다. 그러나 내가 그곳에 가야 할 이유는 단 하나였다. 현실에 질식당하던 내 꿈. 나는 조용히 준비를 시작했다.

지금이 아니면 언제란 말인가

나는 장고에 들어갔다. 꿈이냐 밥이냐를 놓고 잠들 수 없는 밤이 3일간 지속됐다. 밥보다 꿈이 먼저라는 결론을 내리는데 잠은 중요하지 않았다. 첫 날부터 고민의 중압 때문인지 식욕이 사라졌다. 나에게 물었다. 삶은, 밥을 위해 모든 걸 희생할 수 있는가. 고민할 것 없다. 밥이 먼저다.

이틀째 날, 헝클어진 머리 그대로 출근했다. 가슴에 물었다.

꿈이 사라진 삶의 모습은 어떠할까. 그 새벽, 떠나지 못한 나를 보았다. 구질구질하게 살아보려 애쓰는 모습을 하고 있었다. 모든 일에 최선을 다한다 말하며 살고 있었지만 흐릿하고 풀린 눈을 하고 있었다. 인화성 짙은 사건들을 애써 피해간 삶의 무늬를 온 몸에 두르고 있었다. 왜소했지만 하나의 작은 우주로써 몸부림치던 인생 하나가 무너져 있었다.

사흘째 되던 날 입술이 부르텄다. 하늘에 물었다. 자신의 오지를 찾아 나서라는 음성을 들었다. 터진 입술이 됐을 때, 나는 불현듯 허리를 곧추 세우고 정좌했다. 나는 그제야 나를 찾아 나선다는 말이 얼마나 무서운 말인지 알아차렸다. 두려웠지만, 내 앞에 놓인 내일부터가 진정한 내 영토가 될 것임을 직감했다. 나는 오지로 들어서기로 했다. 그것도 가장 어두운 '나'라는 수수께끼 숲으로. 그 곳에는 아무런 길도 없다. 만약 그곳에 어떤 길이 있다면 그것은 다른 누군가의 길이다. 그것은 나의 길이 아니다. 나는 졸리지 않은 눈을 감는다.

나흘째 날이 밝았다. 나는 어쩌다 여기까지 오게 됐을까. 그러고 보니 어느 순간부터 어떤 사소한 결정에도 '나'는 없었다. 학교를 가라 해서 학교를 다녔고 돈 벌어야 사람 구실한다 해서 취직했다. 그리하면 나도 여느 어른들처럼 훗날 떵떵거리며 살 수 있을 거라 생각했다. 그런데 어느 순간 나는 꼬박꼬박 월급 받기 위해 회사 이익에만 충실히 복무하고 있었으며 부잣집 종 살이 그 이상도 이하도 아니게 되었다. 머리 젖히며 즐거워야 할 '지금'은 없고 보이지도 않는 미래가 지금을 가득 채웠다. 평범 함으로 똘똘 뭉친 나에게 묻는다. 지금까지 살아온 대로 살 것인 가? 잊혀 진 것을 회복할 것인가?

나도 절벽에 두 다리를 흔들거리면서 이 세상에 내가 살아 있다고 느끼고 싶다. 누르면 눌리고 짜내면 내 마지막 진까지 내 어주는 삶을 걷어차기로 한다.

"나도 한번 춤추듯 살아 보리라. 다른 사람이 시켜서 사는 삶이 아니라 내가 내린 결정으로 내 삶을 한번 살아보리라. 생 의 단명한 그 맛을 나는 봐야겠다. 준비되지 않아도 해야 할 때 가 있다. 아무도 내가 준비되기를 기다려 주지 않는다. 저질러야 비로소 준비 되는 때가 있다. 내 혀끝으로 맛보는 인생을 살리라. 실험으로 가득 찬 삶, 그 환장할 우연에 인생을 걸리라."

사표를 쓰자

출근해서 아직 아무도 오지 않은 사무실 책상에 정좌하고 사직서를 썼다. 사람들이 출근하기 전 다 쓴 사직서를 작업복 안 주머니에 품었다. 편했다. 그리 편할 수 없었다. 아주 긴 싸움을 스스로 끊어낸다. 생각해보니 이 지리하고 길었던 싸움의 상대는 표면적으론 직장이라는 현실이었으나 한 꺼풀 벗겨진 적장의 얼굴은 내 자신이었다. 나를 깊이 몰라 벌어졌던 사달이었고 내 자신을 내면으로부터 한 번도 길어 올리지 못해 빚어진 스스로의 불찰이었다. 내 안으로 들어가 겁에 질려 웅크리고 있던 나와의 잔잔한 대화였다. 나는 나를 안아주었다. 어찌 그리 나에게 미안했던가. 나는 반듯한 인생과 정면으로 붙어보기로 했다. 나서야 할 때 나서지 않고 갈등해야 할 때 갈등하지 않는 건 비겁한 것이기 때문이다. 세상은 그것을 신중함이라 부르며 심미적으로 채색하지만 실은 겁에 질려 한 발짝도 내딛지 못하는 비겁함이다. 눈을 크게 뜨고 다시 보니 이 사태는 큰 산 하나를 등정하는 데 그치는 게 아니었다. 그것은 나는 내 삶의 주인인가를 묻고, 확인하는 문제였다.

나는 조용히 휴직서와 사직서를 동시에 내밀었다. 3일 뒤, 인사팀에서 내가 제출한 휴직서가 담당 상무의 최종 결재를 거쳐 접수됐다 했다. 대표이사에게 보고해야 했던 인사팀장은 자초지종이 듣고 싶다 했고 나는 조곤조곤 말했다. 인사팀은 사례 없다는 말을 되풀이 했지만 이미 나는 상관없었다. 그래도 일단은 휴직서가 접수된 터라 절차에 따라 진행됐고 이튿날 사장님이 '이 바쁜 와중에…' 한 마디 하시고는 내 휴직서에 최종 서명했다는 말을 들었다. 회사 내에서는 모두가 불가능할거라 했다. 오늘 대표이사 결재를 마지막으로 보기 좋게 넘어 섰다. 에베레스트를 이미 오른 듯하다. 나는 현실보다 강하다. 네팔 행 비행기가 뜨기 3일전의 일이다. 마음을 먹고 사직서를 쓴 다음, 일사천리로 진행되는 일이 스스로도 놀라웠다. 대표이사의 허락이 있은 직후부터 홍보팀에서는 갑자기 사진을 찍으며 호들갑을 떨기 시작했고 내 과거사에 대해 인터뷰하며 요란을 떨었다. 회사는 내 사연을 지역신문에 개제했고 도전의 아이콘으로 추앙했다. 요란함은 승자의 전리품 같이 부산했다. 싫지 않았다. 이로써 긴 싸움을 승리한다.

세계최고봉 에베레스트 정상 (2010.05.17 오전 11:00 현지시간)에서 가족과 함께

어느 회사인간의 잡문

회사인간의 자식

당신의 아이가 수업에 참여하지 않고 숙제도 하지 않는다고 학교로부터 통첩이 왔다. '학교 숙제는 하지 말라고 있는 거'라고 농담 삼아 던진 내 말을 얼른 주워 담았었던 모양이다. 문맥 없이 내뱉은 못난 아비 탓이다. 뒤늦게 숙제를 챙겨보던 중에 기초적인 질문 몇 가지를 던져 보니, 아이는 아예 모르고 있다. 그, 그래 괜찮다, 모른다는 걸 알게 된 건 다행이다. 늦지 않았다, 찬찬히 알아 가면 된다며 몇 가지 공부를 같이 하지만, 갑갑함은 더해 간다. 가슴 저 밑에서 길어 올렸어야 한 건 인내였는데 화를 끌어올리고야 말았다. 탄수화물 부족과 카페인 금단도 한 몫

186

했을 테다. 애꿎은 아이에게 큰 소리를 냈다. 부끄럽지만 그건 지랄이었다.

정신을 차리고 보니 크게 뭔가 잘못했다는 느낌이 콱 와서 박힌다. 아이는 내가 화내지 않아도 혹은 분노를 뿜어내더라도 내 의도와는 무관하게 살아갈 어엿한 인간인데 내 까짓 게 아비랍시고 고함쳤으니 나는 그 고함의 저의가 스스로 궁금했던 것이다. 미안하단 말도 하지 못하고 고개를 처박고 몸을 웅크린 채 한참을 그렇게 있었다. 내가 감히 한 인간의 의젓한 전개를 방해한단 말인가? 언젠가는 알게 될 숫자놀음에 아이를 진정한 바보로 만들려 했는가? 사는 건 목적이 있을 수 없다고 그저 나아가는 거라고 스스로 말하지 않았던가? 그건 내가 나에게 퍼부은 비난이었다.

월급쟁이 회사인간의 삶의 목적은 인격 완성일 수 없다. 인격의 완성, 정신의 도야는 돈이라는 수단으로 이룰 수 있는 게 아니기 때문이다. 월급쟁이 삶의 목적은 자유일 수 없다. 돈에 엉겨 붙은 노예적 일상으로는 자유를 획득할 수 없기 때문이다.

직장과 돈에 예속된 월급쟁이 회사인간은 어떤 것도 사랑할 수 없다. 자유롭지 않은 사람은 사랑할 수 없기 때문이다. 우리 삶을 원심분리기에 올려놓고 사랑과 자유를 빼고 나면 지리멸렬한 월급쟁이 일상이 징그럽게 흘러나올 것이다. 아이의 자유를 빼앗아 말 잘 듣는 아이, 훌륭한 성적이라는 수단을 쥐어주고 나면 그 아이 또한 쭉정이 같은 회색 인간이 될 게 뻔한데 나는 그것이 두려웠다. 발버둥을 쳤으나 기어코 빠져 나오지 못한 초라하고 남루해져 버린 나를 아이에게 투사했고 소심하게 작아진 아이가 마치 나인 듯 비난을 퍼부었던 것이다.

사는 게 진정 어렵다는 걸 뼈저리게 느낀다. 굴곡 없이 사는 사람들이 있다면 당신은 무엇을 사랑하고 있는지 물어보고 싶다. 그늘 없이 사는 사람들이 있다면 자유로운지 물어보고 싶다. 스피노자는 《에티카》에서 내 답답함을 위로한다. '(자유, 사랑, 존재의 참다운 인식 같은) 모든 고귀한 것은 힘들 뿐만 아니라 드물다.' 맞지? 그렇지? 부가의문문을 연발하며 참으로 그렇노라며 무릎을 쳤다. 니체도 거들며 나를 꾸짖는다. '아이란 순진무구함이고 망각(忘却)이며 하나의 새로운 출발, 유희, 스스로 굴러가는 수레바퀴, 최초의 운동, 신성한 긍정이다.' 그렇다, 불가에서 말하는 세계를 있는 그대로 볼 줄 아는 진정한 '자유'의 경지에 이미 도달한 아이에게 겁 없이 까불거린 어른이었다. 모든 감각적 욕망은 인식의 왜곡이다. 동물적인 조건으로 태어난 육체가 시키는 일이다. 육체의 본질은 자기생성이며 죽음이다. 죽어야 태어나고 태어난 것은 죽는다. 죽지 않는 것에는 조건이 없다. 세계도 이와 같다. 그러나 끝없는 진행, 나를 뚫고 지나갈 이 끝없는 생사필멸의 전개에서 육체에 머물 경우 내 인식, 나 또한 죽음과 동시에 사라진다. 그래서 육체를 떠나야 비로소 보이는 것이다. 육체, 감각에 머무르지 않고 우주가 진행되는 모든 것에는 텅 비어 있다는 것을 알게 되면 인식의 대전환이 가능하고 그때 보이는 건 이전과 다르다. 이것이 선정을 통해 얻어진다는 공무변처(空無邊處)의 핵심이다. 과학에서 말하기를 원자핵만으로 치자면 이 세계는 소금 한 덩어리로 줄일 수 있다. 물질이 눈에 보이고 거대한 사물들이 이 세계를 구성하지만 실제, 인습적 실재를 걷어내고 나면 텅비어 있다는 것이다. 텅빈 무한한 세계, 그 인식의 세계의 체험이 바로 식무변처(識無邊處)다. 이러한 인식이 가능하면 우리는 소유라는 개념으로부터 벗어난다. 나아가

서는 인식이 나의 소유라는 생각의 소유마저 떨어져 나가게 되
는데 이때가 무소유처(無所有處)의 경지다. 곧이어 인식도 아니
고 인식 아닌 것도 아닌 비상비비상처(非想非非想處)의 경지는 쉽
게 이르게 되는 것이다. 이로 인해 갖게 되는 시선이 바로 여실
지견(如實知見) 모든 현상을 있는 그대로 주시할 수 있는 눈을 가
지게 되는 것이다. 이것이 사선정(四禪定)을 통해 이루는 사무색
처(四無色處)요, 대자유의 경지이며 '산은 산이고 물은 물'이라는
사자후의 요체다. 어쩌면, 어른이란 어린아이의 완성된 인격을
꾸준히 파괴하는 과정일지도 모른다는 생각에 이른다. 화들짝
놀라 늦기 전에 용기를 내어 아이에게 용서를 구했다. '아빠는
그날 아침의 아빠가 스스로 부끄럽다.' 공부고 나발이고 그저 아
프지나 말 것을.

회사인간과 독서

주말 아침, 해는 떴지만 아무도 깨지 않아 집은 조용했다.

널브러진 책 중 한 권을 잡아 잠시 넘겨본다는 게 얼굴을 파묻고 읽었던 모양이다. 뒤늦게 일어난 딸이 그 모습을 물끄러미 쳐다본 것 같다. 그리고는 내게 물었다. '아빠는 내가 같이 놀자고 하면 맨날 "나중에"라고 하면서 책은 왜 만날 보는 거야?' 자기보다 책이 중하냐는 말일 텐데 그럴 리가 있겠는가. 책을 읽어야 하는 직업도 아니고 책에서 얻은 지식을 밑천 삼아 써먹을 때도 없는데 고작 종이 쪼가리에 불과한 것이 피붙이 딸보다 중할 수야 있겠는가. 그래, 그러니까 말이다, 나는 왜 어디 쓸 데도 없는 책을 읽고 있는가?

인간성이 상실됐다는 말은 사람보다 더 중요한 무언가가 있어서 그것이 사람들을 지배하고 있는 상황이라는 뜻일 테다. 사람들은 인간성을 회복하려 한다. 인문적 가치를 회복하자 말한다. 틀렸다. 가치, 그러니까 값어치, 값 매겨진 무엇은 '인'자 전후에 써선 안 된다. 이미 인간성이 훼손된 지점에서 돈을 벌어 인간성을 회복하기 위해 벌었던 돈과 시간을 써가며 되찾으려 한다면 그것은 애초부터 잘못 꿰어진 단추다. 시인 김수영이 말한 것처럼 '혼란이 없는 시멘트 회사나 발전소의 건설은, 시멘트 회사나 발전소가 없는 혼란보다 조금도 나을 게 없'기 때문이다. 세계는 그대로 두고 너만 잘하면 된다는 식의 자기계발서가 인문적 소양으로 둔갑하는 지도 모른다. 살아남기 위해 돈에 걸신 들린 사람처럼 맹목적인 처세술에 지나지 않는 것들이 인문학적 문구와 서정으로 회칠되어 다시 인간을 말하고 있는 장면을 자주 목격한다.

이 지점에서 회사인간이 책을 읽는다 것에 관하여 다시 생각하게 된다. 월급쟁이는 '훼손된 지점' 한 가운데 서 있기 때문이다. 그것은 시시포스가 매일 올려야 했던 돌무더기가 있는 바닥이다. 꼭대기로 올리면 보란 듯이 떨어지고야 마는 바닥에 늘 회사인간은 있다. 어제 읽은 책에서 자유와 사랑을 알게 됐지만 다음 날 아침엔 여지없이 월급이 지배하는 세계로 다시 들어서야 하기 때문이다. 책 읽을 땐 구름과도 견주었던 영혼의 높이가 출근하자마자 땅으로 떨어지는 일을 매일 목도해야 하기 때문이다. 아예 몰랐다면 아무 일 없었던 것처럼 즐겁게 지하철에 몸을 맡길 수 있겠지만, 노예적 일상과 돈 벌지 않으면 살 수 없는 빌어먹을 세계의 질서가 자각된 마당에 사무실로 들어가는 발걸음은 천근만근이다. 할 수만 있다면 책 속에 매장된 영혼의 부비트랩을 과감하게 밟고 터져버리고 싶은 마음이 굴뚝이다. 읽지 말지니 사는 게 괴롭나니, 살지 말 것을 읽기가 괴롭거늘.

지금 살아있는 나를 알기 위해 죽은 자들의 지혜를 빌려야 한다는 건 썩 기분 좋은 일은 아니다. 그러나 살아있는 나를 먼저 살리고 봐야겠다는 마음이 앞선다. 온갖 모욕에도 책 읽고 생각을 정리하는 일을 멈추지 마라. 읽은 책은 내 정신세계를 이루는 골이 된다. 골은 뼈다. 뼈는 근간이다. 골수와 피는 뼈에서 생겨나 뼈에서 죽는다. 내 생각의 뼈는 무엇인가? 사유다. 사유의 텍스트가 책이다. 죽은 지 백 년이 넘은 자들의 사유와 사상, 그럼에도 여전히 살아남은 책을 읽어라. 그렇지만 책은 결국 버려야 한다. 사랑을 찾고 나면 책은 버려야 한다. 피안에 닿으면 타고 왔던 나룻배를 버리는 것과 같다. 내 모든 것을 걸어 이루고자 하는 것, 나를 바쳐 창조할 사랑의 대상을 찾게 되면 책은 무용하다. 사랑은 책보다 귀하기 때문이다. 그럼에도 불구하고 여전히 책을 읽는 이유는 내가 사랑하는 것을 아직 찾지 못했기 때문이다. 나의 일, 내가 원하는 것을 찾았다면 선인과 현자의 말들을 깡그리 잊어도 좋다. 왜냐하면, 왜냐하면, 그때, 나는, 자유이므로.

　사족) 그날 밤, 딸의 침대에 같이 누웠다. 전날의 꿈 얘기를 하던 딸이 대뜸 꿈은 참 이상한 것 같다고 했다. 꿈 꿀 땐 진짜인 줄 알았는데 깨고 나면 진짜가 날아가 버린다고 했다. 나는 말했다. '전생이라는 게 있어서 그게 가끔 꿈으로 나타날 때가 있다, 어제 꿈에 나왔던 너는 아주 아주 오래 전 네가 실제로 살았던 너였는지도 모른다.' 잠시 침묵하던 중에 딸이 말했다. '무슨 개소리야.' 직선을 좋아하는 여성은 참 매력적이다.

월급쟁이의 스승

　어느 날 수많은 군중이 석가의 말을 들으려 모여 앉았다. 오래 기다린 끝에 드디어 석가가 모습을 드러냈다. 모든 시선이 집중된 가운데 군중 앞에 선 석가는 아무 말 없이 꽃을 들어 보인다. 사람들은 수군거렸다. 석가가 말하려는 게 뭘까, 저 꽃은 무엇을 뜻하는 걸까. 느닷없이 꽃을 들어 보이는 깨달은 자의 의중을 파악하려 모든 사람들이 여념 없던 그때, 가섭은 조용히 일어나 홀로 미소 짓는다. 석가는 가섭을 보고 천천히 말했다. "가섭이 깨달았다." 저 유명한 염화시중(拈華示衆)의 미소다. 가섭은 사람들이 우러르는 부처를 보지 않고 아름다운 꽃을 보고 미소 지었다. 모든 사람들이 부처의 의도를 읽어 내려 할 때 가섭은 지축을 울리는 부처의 모습보다 꽃이 아름다워 넋을 놓고 미소 지었던 것이다. 부처라는 큰 벽을 넘어섰다는 의미다.

화엄이란 말은 들판에 잡다하게 피어있는 수많은 꽃들의 장관을 가리키는 말인데 불가에서는 깨달은 각자가 자신의 꽃으로 뒤덮인 세계가 화엄이다. 모든 존재들이 자기만의 가능성과 삶을 긍정하며 만개하는 세계다. 이렇게 되려면 다른 꽃으로 피면 안 된다. 누군가는 이미 자신의 꽃이 된 사람이니 내 꽃과는 다르기 때문이다. 살불살조(殺佛殺祖) 즉 부처를 만나면 부처를 죽이고 스승을 만나면 스승을 넘어서야 한다는 말은 이렇게 해서 나온 말이다. 내가 회사인간에 목을 매고 달려드는 이유는 월급쟁이를 넘고 싶어서다. 어쩌다 보니 내 앞에 가장 큰 벽이 되었고 그것을 넘어서지 않으면 삶의 다음으로 나아갈 수 없어서다. 회사인간을 죽이는 방법은 정체성을 갈아입는 것으로는 완성되지 않는다. 내 안에 숨어 있는 삶의 노예성을 끝까지 파고들어 찾아내고 그것들을 모두 드러내 대나무를 깨듯 가차 없이 부술 때 비로소 완성된다. 그날은 오지 않을 수도 있지만 나는 물러서지 않으려 한다. 그래서 그런 사람들을 찾아 헤맸는지 모른다. 나는 그 중에 회사인간을 가장 극적으로 뛰어넘은 한 사람을 알고 있다. 구본형, 내 스승에 관해 말하려 한다.

한 시인이 있었다. 나는 지독하게 평범했는데 그 시인은 나에게 너의 평범이 위대함으로 가는 길이라 늘 말했다. 나는 믿지 않았으나 돌이켜보니 그 말은 무섭고 아름다운 주술이었다는 걸 알게 됐다. 그때 나는 천둥벌거숭이였는데 시인은 나에게 북극성으로 향하는 떨리는 나침반 하나를 툭 던졌다. 시인도 오랫동안 너저분한 월급쟁이의 삶을 살았는데 내게 던져준 나침반은 그가 쓰던 그것이었다. 그가 월급쟁이를 뛰어넘었던 방법을 알려줬던 것이다. 지저분한 삶을 헤어 나오지 못하던 나는 냉큼 그 나침반을 받아 들고 삶의 지도를 정치하고 자북(磁北)을 맞추었다. 아, 시인아 어디 있는가. 스승은 끝내 시인이 되었다.

나는 스승이 좋아했던 제자는 아니었다. 분명 그랬을 테다. 그가 그토록 제자들로부터 기다리던 천진한 질문 하나 하지 못했고 살갑게 다가서지도 못했다. 살갑기는커녕 인사치레라도 제대로 한 적이 있었다면 이토록 그립진 않았을 테다. 그의 제자라면 한번쯤은 몰려가 본 적 있을 스승의 가택도 가보지 않았고 자연스레 깊게 나눈 대화의 기억이 없다. 식사할 때 그의 면전에 앉기가 부담스러워 일부러 자리를 피하기 일쑤였다. 왜 그랬는지 모른다. 나는 그렇게 졸렬한 인간이었다. 그러나 스승에겐 나는 별 볼 일 없는 제자 중에 한 사람에 지나지 않지만, 나에게 스승은 그의 작은 흉터마저 닮고 싶은 사람이었다.

그는 나를 초라한 채로 남지 않게 했다. 월급쟁이 회사인간의 사다리 끝이 무엇인지 볼 수 있게 했고 불나방처럼 달려드는 미친 삶의 대열에서 정신적으로 탈주하게 했다. 여전히 월급쟁이 회사인간의 째째함을 벗어나지 못하고 있지만 '남김없이 살고 있는 것이냐'를 늘 묻는다. 어쭙잖은 middle class value는 개에게 던져 준지 오래고 이제껏 이룬 게 어디냐며 차지한 자리 뺏기지 않으려 안절부절 않는다. 그런 게 있는지도 모르겠으나 혹시라도 있다면 지금의 지위나 안위를 더 이상 애지중지 하지 않는다. 내 삶을 실험할 수 있는 사람은 나밖에 없다는 것을 잘 안다. 실험은 실패가 반이 될 테고 성공하더라도 듣보잡 필부(匹夫)의 삶을 세상은 알아주지 않을 게 뻔하다. 그런들 어떠하랴, 깨지고 낙담했다가 다시 희망하고 떠난다. 스승이 가르쳤고 나는 배웠다.

그가 내 삶에 등장한 건 순전히 우연에 기대어 있다. 그 우연을 설명할 도리는 없다. 언젠가 이 말을 넌지시 지나가며 했을 때 스승은 버려질 그 말을 다시 주워 담아 정색하며 나에게 일렀다. '준비된 자, 간절한 자가 스승을 만나는 건 우연이 아니다.' 그랬다. 월급쟁이 그 지난한 인생이 에베레스트를 오르고 작가가 되고 삶의 터전을 마음대로 떠나는 걸 보면 모든 것은 그리되려 정해진 만남이었는지 모른다. 아무도 가지 않은 길을 세상은 위험하다고 했지만 스승은 바로 그 길이 네가 유일함으로 가는 길이라 말했다.

내 나이 마흔을 넘겼다. 오래 전 스승이 세상에 자신의 이름을 알리던 때와 얼추 같은 나이가 됐다. 이 사실에 나는 몸 속 깊은 곳까지 동요했었다. 그를 뛰어넘으리라. 스승과 제자 구도를 이어가려는 게 아니라, 그의 말과 행동을 따져 묻고 연구적 대상으로 삼겠다는 게 아니라, 나는 그의 삶이 극적으로 전환됐던 그 시점의 에너지를 넘어서고 싶었다. 자유로운 결정으로 가슴 저 깊은 곳에서부터 느껴지는 삶의 충일함을 끝까지 밀어붙이는 욕심을 부려보고 싶다. 그런 중에 스승은 친구이자, 연인이고 또 도반이 됐다. 깊이 그리고 또 깊이 내 내면의 오지를 탐험할 때 동행하는 단테의 베아트리체와도 같은. 그 길을 함께 걸으며 스승에게 안내 받고 그러다 따라하고, 모방하며 닮아가고, 닮아가며 끝내 넘어서려 한다.

가끔 내 눈앞에 갑자기 멋진 수염을 기르고 얼굴 무너지도록 웃는 시인이 나타난다. 항상 그의 오래된 책상에 앉아 무엇을 쓰거나 읽는 한 시인. 스승은 시인이었고 마지막 그의 삶은 시였다. 그 해 봄, 병색 짙은 스승의 초췌한 모습에 눈물 보이는 우리에게 춤을 추라 했다. 그리고는 마지막 힘을 내어 눈으로 말했다. '이것이 시와 같은 삶이다.' 행간의 도약과 함축, 복선과 반전이 있는 시와 같은 삶 말이다. 실로 아주 오랜만에 그와 마주해야겠다. 간지나는 그 목소리, 성대모사라도 하며.

인턴이라는 야만

오늘을 끝으로 3개월간 함께 했던 인턴 동료가 떠났다. 가엾게도 우리는 그녀를 마지막까지 떨게 했다. 3개월간 해야 할 과제를 처음부터 던져 주었고 마지막 결과 발표하는 날 떨리는 목소리로 가냘프게 그리고 당차게 발표하는 모습이 대견했지만 대견해서 애처로웠다. 발표 직전 괜찮다고 건넨 내 위로에 그녀는 자신의 심장 박동이 사람들에게 들릴까 걱정이라 말했다. 그녀는 과제 발표 직후 하루를 더 근무하고 회사를 떠났다. 떠나기 직전까지 그녀는 감동을 선사했다. 팀원 모두에게 밤을 새웠을지도 모를 정성 어린 손편지를 건넸다. 불과 3개월 남짓 기간에 구구절절한 추억이 있겠냐만 소소한 일들로 각인된 그녀의 기억이 오롯이 편지 안에 녹아 있었다. 그녀는 그렇게 지난 3개월 을 기록으로 남겼다. 먼 타지에까지 와서 인턴이라는 어정쩡하 고 불안한 신분으로 살아냈던 젊은 20대 초반의 여성. 약한 것 들을 죄다 이어 붙인 개인에게 회사는 가장 효율적인 방법을 동 원해 활용하고 개인은 가장 모진 방법으로 이용을 당한다. 마지 막 발표가 끝나면 떠난다는 걸 알면서도 긴장하며 최선을 다했 던 모습이 어른거린다. 거기다 대고 회사는 이런저런 질문들과 요구를 쏟아냈으니 매출 확대를 위한 효과적 마케팅 전략, 발표 가 끝난 직후 자료를 공유하자는 것이 그녀에게 건넨 우리의 마 지막 요청이었다.

그녀는 인턴이라는 신분으로 사회에 내딛는 첫 번째 걸음 마를 뗐다. 사무 공간이라는 곳이 신기하기만 했고, 동료들의 직 함이라는 것도 새로웠다. 따끈한 A4 용지가 줄줄이 나오는 프린 터기의 버튼도 생소했다. 무엇이든 알아내고 말리라는 당찬 질 문들이 그녀에게서 쏟아졌다. 친절하게 설명하면서도 늘 대답 끝에 그녀의 맑은 눈을 끝까지 응시할 수 없었다. 유곽의 늙은 포주가 된 느낌을 지울 수 없었다. 다시는 이 바닥에 발 들여 놓지 마시라. 정신적 늙은이들이 지배하는 사회는 청춘에게 아프게 회초리를 휘두르고는 아파야 한다고 말한다. 개소리가 아닐 수 없다. 그렇게 함부로 뱉는 것은 늙은이들이 청춘을 부러워하는 비열한 방식이다. 청춘을 억압하고 말리라는 노회한 자들의 용심을 그녀는 꿋꿋하게 버텨냈다. 그리고는 버려졌다.

"저는 괜찮아요, 많은 사람들 만나고 업무 경험도 하고, 그걸로 만족해요."

만족해요. 만족해요… 다시는 월급쟁이에 발 들여 놓지 마시라. 이 바닥에선 아마 평생 그대가 말한 만족이라는 거 모르고 살지도 모른다. 차마 말하지 못했다.

사람을 간 보며 불과 3개월 만에 퇴직을 명령하는 한시적 인턴제도는 아무것도 모르는 어린 청년들을 요리조리 농락하는 범죄에 가깝다. 효율이라는 논리에 사람을 이, 삼 년마다 대청소하는 느낌이다. 그 굴욕적인 기간을 헤쳐나가면, 또 다른 신분 차별이 기다린다. 웹사이트 구직 포털에는 오늘도 인턴 구인이

도배를 한다. 인턴 구직은 규모가 크고 시장 지배력이 큰 대기업이 더 나서서 모집한다. 그 자리마저도 잡지 못한 사람들이 많다. 야만이라 하지 않을 수 없다. 약한 자의 간절함을 효율과 저원가로 악용해 짧은 기간 취하고 뱉어내는 모습이 잔인하다. 이 광경이 반복되면 결국 사회는 야만의 공기가 뒤덮을 테다. 회사도 사람도 염치를 알아야 비로소 온전해진다.

오 나의 영혼아,

불멸의 삶을 갈망하지 말고 가능의 영역을

남김없이 다 살려고 노력하라

– 핀다로스, 아폴로 기념 경기 우승자에게 바치는 축가 3

4장

잘 살지 말고,
다 살기

나는 왜 더 잘하지 못할까

　　물론 일상은 고달프다. 가끔 힘에 부쳐 숨 쉴 때마다 절망을 빨아들이는 것 같다. 저 아래로 처박히는 느낌은 수시로 들락거린다. 모두가 나보다 잘난 것 같고 잘난 사람들 사이에서 부대끼며 일할수록 나는 점점 낮아지는 것 같다. 그런 일상에서 꿈이고 지랄이고 언감생심이다. '나'로 살아가는 인생은 하루하루 멀어지는 것 같다. 생긴 대로 산다는 건 만만한 게 아니었던 게다. 이런 중에도 나는 왜 더 잘하지 못할까 자책한다.

　　그러나 그대 보아라. 삶은 그저 똥이다. 산해진미 지나간 끼니가 지금을 배부르게 할 수 없는 건 내가 먹은 모든 것이 똥이 되었기 때문이다. 밥뿐이랴, 내가 했던 생각, 입 밖으로 뱉었던 말, 쏘다닌 길, 분노했던 일들은 지금 어디에도 없다. 모두 버려지고 잊히고 사라졌다. 삶은 죽었다가 재생산하는 일을 끊임없이 반복하는 세포와 같고 양껏 먹었지만 똥으로 내려간 음식과도 같다. 그런 똥 같은 삶에 우열이 있을 리가 있겠는가? 생각해 보아라. 지금을 억지로 살고 있다면 그대가 가려는 이 길은 그대의 길이 아니다. 그 길로 간다고 해서 무언가를 움켜잡을 수 없다. 그것은 매끈거리는 비닐 장판에 들러붙은 머리카락과 같다. 아무것도 아닌 한 올을 움켜쥐려 걸레로 떼려다 못해 손가락으로 떼어보려고 하지만 착 들러붙은 머리카락은 손톱으로도 쥐어질 리가 없다. '쥐어도 안 잡히고, 쥐어도 안 잡히고, 쥐어도, 쥐어도 안 잡힌다.' 비극이다.

'인생이 비극이라고 느끼는 그 순간 우리는 삶을 시작하는' 거라고 시인 예이츠는 말했다. 독한 담금질이 필요하다. 주름 없는 인생에서는 배울 게 없다. 상처 없는 미끈한 장단지로는 아무도 업을 수 없다. 육근은 고통스런 물리적 힘에 의해 튼튼해지고 뜨거운 태양과 태풍을 견뎌야 사과 한 알이 여문다. 삶을 잘

사는 법은 석, 박사를 했다고 알아지는 게 아니다. 그저 온몸으로 밀고 나갈 수밖에 없다. 온 몸으로 사는 법 말고는 방법이 없다. 그래야 '나'라는 거대한 시 하나가 탄생한다.

느낌에서 사실로, 위험에서 안전으로 가는 허약한 세상에 우리는 살고 있다. 사람들은 무엇이든 잘 하는 사람을 우대하고 우리는 더 잘하지 못해 안달한다. 그것은 허약한 구조에 올라탄 사람들이 우리를 가두려는 저열한 논리임을 알아야 한다. 일 잘하려는 중압감이 인생을 망친다. 일 잘해도 누구도 알아주지 않는다. 기껏해야 승진이다. 승진은 무엇인가, 소모적인 삶으로의 적극적인 이행이다. 우리는 하루에도 몇 번이고 낮에 광을 내려 세수하지만 영혼은 흐리멍덩하다. 보고서를 예쁘게 꾸미려 애쓰지 말고 마음을 야무지게 먹자.

완벽을 추구하면 부정적인 마음이 따라 다닌다. 완벽을 추구하면 미 완벽이라는 슬러지는 필연적으로 나온다. 완벽을 추구하는 사람은 잘했던 부분의 완벽은 보이지 않고 완벽에서 부족했던 부분만 크게 보이기 때문이다. 10%의 부족이 90%의 완벽을 덮어 버린다. 이러한 태도는 타인을 대할 때 그대로 나타난다. '저 사람은 다 좋은데 이거 하나가 안 좋아', 좋은 건 보이지 않고 좋지 않은 한 가지만 크게 보인다. 90점 받은 해맑은 아이는 보이지 않고 틀린 10점의 아이로만 보인다. 완벽은 인간을 갉아먹는다.

사람들은 '나 자신이 중요하다', '하고 싶은 일을 하며 살아라' 하며 녹음기를 틀어 놓은 듯 말하지만 그럴수록 개인은 사라지고 크고 약해빠진 집단으로 엉겨 붙는다. 잗다란 행복을 위해 서로를 위로하는 작은 개인만이 남아 헛발질을 남발한다. 그것은 연약하고 슬프다. 우리에게 필요한 건 위로가 아니라 위험이다. 세상에 퍼진 불행을 박차고 일어나는 위험 말이다.

사는 법에 관해선 약사여래 같은 처방이 없다. 더러는 분노에 못 이겨 울어야 하고 더러는 벼랑 끝에 세워놓고 무릎을 벌벌 떨어야 한다. 들판에 서지 않고 안온한 온축 위에서 어린 아이 같은 불평과 불만을 쏟아내는 일은 의미가 없다. 다만, 언젠가 만날 '나'를 위해 잘난 사람들 틈에서 있는 나를 온전히 지켜

라. 그들로부터 내가 훼손되는 걸 내버려 두진 마라. 조직 안에서, 그들 틈에서 일하며 내 자신이 마모되면 '나' 또한 사라진다.

그대는 조금 늦게 필 것이다. 조급해 하지 마라. 늦은 만큼 살 떨리는 환희가 기다리고 있을 테다. 움츠렸다 활짝 터져버리는 황홀 말이다. 그 전에 그대 안에서 걸려든 것은 어떻게든 잡아야 한다. 잡지 못하거나 물러서거나 피하면 꽃을 피울 수 없을지도 모른다. 굴욕의 시간에 그대가 해야 할 일은 이것저것 매달리며 에너지를 쏟아내는 것이 아니라, 품고 또 품고 응축하고 또 응축해서 어느 날, 어느 순간 그대 안에 걸려든, 내 마음을 흔드는 그것을 놓지 않으리라는 신념을 키우는 것이다. 그때는 반드시 온다. 일 잘하려 애쓰지 말고 그대 주변을 먼저 살피라. 주변에 사랑하는 사람들과 그대에게 맞닥뜨려진 것들을 하나씩 해결해 나가면서 그렇게 기다리는 것이다. 그대를 꼭 붙들고 지키면서 말이다.

마흔, 다시 시작

　　서너 군데 나라에서 거처를 옮기며 살았다. 그래선가, 태어나 자란 곳과 지금 사는 곳이 다르고 말과 글이 다른, 낯선 곳에서 억지로 적응하며 살다 보니 어느 순간 영토 개념이 사라졌다. 더해서, 지구라는 공 위에서 보내는 하루라는 시간적 개념과 삶이라는 공간적 관념은 얼마나 무의미한 것인가도 알게 된다. 지구 입장에선 시간과 공간이란 개념이 보통 억울한 일이 아니다. 그저 둥글게 허공을 빙빙 도는 게 지구의 미덕이고 한 번씩 쏟아 붓는 폭풍과 내리치는 번개, 가끔 바다를 뒤흔드는 일을 주 업무로 삼았을 뿐이다. 살고 죽고, 여기니 저기니 하는 유혐간택(唯嫌揀擇)이 없는 것이다. 다만 할 뿐, 그저 최선을 다한다. 뒷다리를 어설프게 쭈그리며 부끄럼 없이 똥을 싸는 개를 보며 삶에 최선을 다하고 있다는 생각, 지구나 개나 다르지 않다는 생각, 그런 생각이 들게 된 즈음, 내 마음 속 저 깊은 곳에서 느닷없이 올라와 이마를 쥐어박는 자각에 한동안 나는 곤혹스러웠다. '나 또한 지구라는 행성 위에 살고 있는데, 왜 고작 이따위로 사는 걸까.'

때론 눈물을 보이며 쉽지 않은 삶을 견뎠다. 마흔은 그런 모양이다. 마흔을 넘겼고 삶의 방향도 스무 살 객기어렸던 생각과는 크게 달라졌다. 어느 소설가가 묘사한 마흔에 나는 무너졌다. '입사를 하고 칠 년간 맞벌이를 해서, 신도시에 지금의 아파트를 마련할 수 있었다. 은근히, 세상이 변하기보다는 직급이 변하길 바라는 사람이, 되어갔다. 어느 가을날인가, 깊이 담배 한 모금을 들이켜다 그 사실을 알 수 있었다. 이미 삶은, 돌이킬 수 없는 것이었다. 마흔이었다. 동지가 간 데를 알아도, 깃발은 나부끼지 않았다. 신도시에 온 아내는 급격히 살이 찌기 시작했다.' 그대는 마흔인가? 마흔은 태어나 40여년이 된 세월의 물리적 나이테가 아니다. 마흔은 단테가 신곡 첫 머리에서 쓴 것처럼 '인생 반 고비'의 고유명사다. 지난 삶의 반조와 여전히 늙지 않았다는 스스로의 위안을 가진 자라면 그대는 마흔이다. 마흔은 어지간한 일에 미끄러지듯 능숙하다. 일을 마치고 누군가 와인 터뜨리는 소리를 내며 '오늘 저녁 어때?' 하면 수순을 밟듯 따라 나서는 것처럼 말이다. 억지로 간 술자리에 부어지는 술을 마시며 맥없는 사내들의 낮고 낮은 가십들을, 듣고 날아가 버릴 그저 그런 얘기들을 듣고 또 듣는다. 마흔은 삶이라는 얼음판에 미끄러지듯 자기 의지와 상관없이 살아지는 것이다. 이미 내 삶은 내가 지배하는 것이 아니라 삶의 관성이 지배하고 있다. 마흔은 관성의 최대값이고 이상과 꿈의 최소값이다. 그래서다. 나는 그대가 휴일 오후 호숫가에 오리배가 심심하게 떠다니듯 저럼한 인생들 사이에 흐르는 심야전기처럼 삶이 시시하지 않기를 바란다. 그 날 그 시간에 울리고야 마는 전국노래자랑의 딩동댕 소리처럼 심심한 삶을 살지 않기를 바란다.

때론, 어쩌지 못하는 삶의 관성이 밉다. 그대 뜻대로 할 수 없는 것들이 많다 느껴질 때 여기까지 굴러먹은 인생 곡절이 무참할 테다. 어쩌자고 여기까지 왔을까. 회사인간에 파묻혀 경박해진 삶과 어리석은 인생을 자책하지만 답은 보이지 않는다. 엑

셀레이터를 무던히 밟아보지만 삶은 공회전 한다. 밥벌이하며 가족을 부양하는 자이므로 밥벌이에 최선을 다한다. 월급에는 온 인생을 동원해 막아내도 뚫리고야 마는 물리적 파괴력이 있다는 걸 이제야 알아차렸지만 다음 10년은 지금의 지식과 경험으로는 당최 밥벌이를 할 수 있을 것 같지가 않다. 할 수 있다 하더라도 순탄치 않을 것이다. 이리저리 일자리를 찾아 다녀야 하고 거친 밥과 사나운 사람들을 만나게 될 테고 스스로 할 수 있는 일들이 점점 줄어들며 선처를 바라다 처분에 맡겨지게 될 것이다. 내 등을 보고 자랄 아이에게도 서서히 무너지는 등뼈를 지켜볼 아내에게도 자랑스럽지 않은 삶이다. 그렇다면 무엇으로 다음 10년을 걸어가야 할까? 무력한 삶을 환희로 빛나게 할 비책이란 게 있을까? 꿈이라는 말을 들으면 아직도 당황과 흥분이 불화살처럼 핏줄을 타고 흐른다면 다음 10년을 모색하자.

모험처럼 과거로 가라. 잘못 꿴 단추, 엇나간 퍼즐의 그 처음으로 가라. 그러나 엉클어진 실타래에 성급하게 다가가선 안된다. 가만히, 조용한 가운데 아주 가만히 들여다보아라. 그대가 원하는 얘기들이 매직아이처럼 떠오른다. '그때 내가 이 길을 가지 않았더라면' 할 때가 있다. 2004년 여름이었다. 첫 입사를 하고 신입사원 교육을 받는 중에 월급이 들어왔다. 월급은 커다랬고 묵직했다. 일하지 않고도 돈이 들어왔다. 그때 나는 월급에 얻어맞았다는 걸 알지 못했다. 모르고 얻어맞을 때 휘청거리는 법이다. 방심하다 일격을 당하면 무너진다. 나는 일하지 않았는데도 통장에 꽂혔던 단 한방의 월급에 무릎 꿇었다. 눈을 뜨고 맞으면 맞아도 다시 일어설 수 있지만 눈 뜰 생각이 애초에 없었다. 그래서였을까 암울함에 둘러싸인 사무실을 벗어나지 못했다. 일은 둘째 치고 매일 출근하고 매일 퇴근하는, 숨이 막혀버릴 것 같은 답답한 월급쟁이 삶을 도저히 살 수 없을 것 같았다. 휴가 직전, 여름휴가를 마치고 사무실로 돌아온 나를 상상하니 몸서리가 쳐졌다. 다시 돌아오지 않으리라 마음먹었지만, 나는 눈을 감고 말았다. 떠나지 못했다. 입사 후 보름 남짓 지났던 그때가 내 첫 번째 전환의 기회였다. 잡지 못한.

2016년 10월의 마지막 날, 그것은 순전히 외로움 때문이었다. 외로움과 복받치는 서러움으로 이국의 허름했던 카페 구석에서 눈물을 쏟았다. 사람들이 힐끗힐끗 쳐다봐도 나는 꿋꿋하게 울었다. 다시는 월급쟁이 삶으로 돌아오지 않으리라 맹세했다. 맹세는 보기 좋게 깨졌지만, 그 맹세는 여전히 유효하다. 내가 자빠진 자리를 봤기 때문이다. 내가 어디까지 비겁해질 수 있는지, 내가 어디까지 낮아질 수 있는지를. 돌아보니 그때가 또한 번의 전환의 기회가 아니었을까 싶다. '사건'을 두려워한 나머지 행동으로 옮기진 못했지만 내가 어디서, 어떻게 자빠졌는지 정확하게 알게 됐으므로 훗날 다시 일어서는 지점으로 삼을 수 있을지 모른다. 역사주의자는 아니지만 나를 욕보였던 과거는 다음 10년을 위해 단 하나 남은 힌트다.

마지막 기회를 잡아라. 운명을 바꿀 수 있었던 잔다란 전환의 기회들이 많았지만 그대는 매번 결정적인 기회를 놓쳐왔다. 바뀔 수 있었던 운명, 벗어날 수 있었던 시시한 삶, 잡지 못한 기회에 대한 아쉬움을 긍정해선 안 된다. 지금, 여기가 곧 나의 운명이라는 말로 긍정하는 당위는 비겁하다. 회사인간, 그대는 '사건'에 빨려 들어 회오리 칠 준비가 되지 않았고, 솔직하게는 '사건'이 겁났던 것이다. 그대 스스로를 감당해 낼 자신이 없었다. 그러나 실망하기엔 이르다. 기회는 다시 온다. 이번에 다시 돌아오는 남은 한 번의 기회는 영혼의 촉수를 동원해야 잡을 수 있을 것이다. 마흔, 아마 마지막 전환의 기회일 가능성이 높다. 니체가 말한 것처럼 '느닷없이 기회라는 것이 찾아오면 그때 가서 뒷걸음질 치지 않기를 바란다. 슬그머니 발을 빼며 안온한 삶에, 노예적 당위를 장황하게 떠벌리지 않기를 바란다. 폭풍처럼 내 삶을 뒤 덮을 기회가 왔을 때 물러서지 마라. 운명처럼 따라나서라.

물러서지 않는 것이 실천이다. 지금 일어나 구해라. 나는 전환에 성공한 사람들의 이야기는 흥미롭지 않다. 옹졸한 마음이 그들의 이야기를 너그럽게 받아들일 수 없게 만든다. 그럼에도 우리가 보기 좋게 전환해야 하는 이유는 다시 태어나야 온전한 내가 될 수 있기 때문이다. 아프리카 부족처럼 생사를 넘나드는 성인식을 치르지 않았다면 마흔, 늦기 전에 성인식을 치러야 할 때다. 사람은 두 번 태어난다. 두 번째 탄생, 지금이 아니라고 누가 말할 수 있겠는가. 그러나 전환의 기회는 메시아처럼 출현하지 않는다. 어쩔 수 없이 따라나서는 수동적 전환은 안 된다. 마흔의 성인식은 누군가 해 주지 않는다. 넋 놓고 기다릴 게 아니라 찾아 나서야 한다. 지겨울 때까지, 토가 나올 때까지, 모든 걸 내팽개칠 만큼 그대가 욕망하는 그 무엇을 말이다. 시간과 삶 앞에 무력하게 무릎 꿇는 일이 없도록 눈을 뜨고 그 펀치를 맞아야 한다. 모르고 얻어맞을 때 휘청거리는 법이다. 방심하다 일격을 당하면 무너진다. 이젠 두 번 다시는 펀치 한 방에 나가떨어지는 일이 없도록. 무엇이든 지금 바로 여기서 두 눈을 부릅뜨고 시작하라.

하지만 무엇보다 인생 반 고비를 돌았다면 자신의 본래면목(本來面目)을 알아야 한다. 생긴 대로 사는 것이다. 생긴 대로 살 수 있는 사람은 자신을 아는 사람이다. 자신을 아는 사람은 자신이 하고 싶은 일을 한다. 자신의 주인이 되는 것, 누군가 시켜서 하는 일이 아니라 자신이 시켜서 하는 사람이다. 하고 싶은 일을 한다는 것은 밥과 꿈이 화해하는 지점이다. 서두르지 말고 그 지점을 찾아라. 비록 그것이 불행을 자초할지라도 그 불행을 견디는 것, 나는 나 자신을 견딜 수 있다는 믿음. 이것이 마흔의 스피릿이다.

뜻대로 되는 게 없다

선가(禪家)에 오래된 얘기가 하나 있
다. 선가의 큰 어른, 초조 달마(達磨)가 면벽참선 중이었다. 혜가
(慧可)는 엄동설한의 폭설에도 달마의 가르침을 받기 위해 달마
가 참선하는 사찰 앞에 무릎 꿇고 앉아 몇 날 며칠을 눈에 묻혀
도 꼼짝하지 않았다. 그런데도 달마가 계속 그를 만나주지 않자
급기야 자기 팔을 잘라 위법망구(爲法忘軀)[10]의 간절함을 증명한
다. 마침내 달마는 참선을 거두고 혜가에게 다가가 말했다.

달마   "무엇을 원하는가."
혜가   "제 마음이 편하지 않습니다.

---

10 구도를 위해 신체의 고통을 잊다

부디 제 마음을 편하게 해 주십시오."

달마   "네 마음을 가지고 오라.

        그러면 너를 편안하게 해 주겠다."

혜가   "마음을 찾을 수 없습니다."

달마   "네 마음을 편하게 해 주었노라."

선가의 초조(初祖) 달마와 이조(二祖) 혜가의 아득한 얘기[11]다. 주위에서 자신을 가만 두질 않아 원하는 바대로 할 수 없다고 그대는 말했다. 이런저런 것들에 휘둘려 자기 뜻대로 되는 게 하나 없다고 그대가 말할 때 옛날 옛적의 보리 달마와 혜가의 선문답이 떠올랐는데 이내 말하기를 그만두었다. 초탈한 듯 얘기하려는 내가 우습기도 했거니와 생활에서 무엇 하나 꼭 쥐고 놓지 못하는 내 삶 또한 이상과 현실의 괴리로 늘 괴로웠기 때문이다. 선인들의 얘기나 글처럼 아름답고 지고지순하며 철학적인 깨침이 여기저기 드러나는 일상은 없다. 엎어지고 뒹굴고 싸우고 고함치며 분노하고 비난하는 일상이 우리에겐 오히려 자연스럽다. 그러니 어리석은 몸만 짜증으로 넘쳐나는지 모른다.

---

11 벽암록(碧巖錄). 달마안심(達磨安心) 중에서

아, 그대의 하소연이 실로 나는 고마웠던 것이다.

두 가지는 늘 잊지 않았으면 한다. 그대에게 말하는 동시에 나 스스로를 준열하게 꾸짖는 것이니 첫째, 지금을 떠나선 안 되고 둘째, 나를 떠나선 안 된다. 그대나 나나 지금 여기를 바라보지 않고 늘 먼 미래 어딘가만 바라보고 있다. '여기 지금'을 살지 않고 과거 빛나던 순간만을 기억한 채 과거도 아니고 미래도 아닌 그렇다고 지금도 아닌 지금을 살고 있다. 쓸데없는 일이다. 이를테면 그 시절, 그 시기, 그 순간이 자신에게 너무도 강렬하여 시간을 건너지 못하는 사람이 있다. 시대를 건너오지 못하고 머무르는 것이다. 그는 만나는 사람마다 늘 그때의 이야기만 한다. 그때의 환희로 사는 사람들이다. 지금 사는 꼬라지가 꼭 그 순간을 벗어나지 못한 것 같다. 경계해야 한다. 삶은 멈추지 않고 머물지도 않으며 고이지도 않는다. 그때는 옳고 지금은 틀리는가? 되는 게 하나 없다는 생각의 근원은 과거에 무게중심을 놓고 살기 때문이다. 지나간 봉우리는 잊자. 지금을 어엿하게 살아갈 수 없다면 그때도, 앞으로도 제대로 사는 게 아니다.

지나간 봉우리는 마음이 만든다. 자극을 향해 끊임없이 달려가는 것이 마음이다. 인간은 허망함 위에 서있고 그런 인간이 생각하는 마음은 늘 지금을 제쳐두고 과거와 미래의 환상을 좇는다. 달리려는 마음을 멈춰 세우고 이어가려는 마음을 끊어버리는 연습이 필요할지 모른다. 더 잘하지 못해 안달하기보다 잘 하려는 마음을 멈추게 하는 것이 현명하다. 쓸모로 죽어나가는 월급쟁이들이 어디 한 둘인가. 영원히 살 것 같은 마음도 죽음이라는 단명함을 인식해야 나와 내 주변의 모든 존재들이 소중함으로 재구성 된다. 후회라는 것은 늘 오만함에서 시작한다. 인간의 오만함은 의젓함이 아니라 언제나 자신이 가진 물적 환상에서 나온다. 그 토대가 마음이라는 환상이다. 그것은 욕망을 만들고 분노를 내뿜게 하고 희망과 절망도 생산한다. 그래서 수행자들은 평생 이 환상들과 싸우는지 모른다. 선이든 악이든 도덕이든 윤리든 시비 판단이든 지금을 떠나지 않고 머물러 본래 면목을 응시할 때 그 배후가 확연하게 드러난다.

마찬가지로 나를 떠나선 안 된다. 늘 주위 사람들의 시선에 머물러 눈치를 보고 배려와 예의가 몸에 뱄지만 어느 순간 그 비굴한 예의와 눈치는 나를 갉아먹는 비겁함에 지나지 않았다는 걸 알게 된다. 그때 불현듯 나를 찾아야겠다는 마음이 일어 뒤늦게 자신을 찾아보려 난리 치지만 이미 자신은 사라지고 없다. 남들이 쓰는 언어를 쓰고 남들의 생각을 자기 생각인 양 떠들고 남들로부터 들은 훈계를 똑같이 자신에게 지엄하게 말하고 있진 않은가. 자신의 뜻은 애초에 없는데 말이다. 뜻대로 되지 않는 이유는 문제에 답이 있다. 자신에게 없는데 자신의 뜻을 자신에게서 찾으려 했으니 자기 뜻대로 될 리 없는 것이다. 뜻을 가져와 보라는 달마의 호통은 관념 속에 사는 사람의 어리석음을 질타한다. 현상의 빈곤이자 관념의 과잉이다. 타인의 생각과 언어들 속에 자신을 방치하고 정작 자신의 실체를 알지 못하는 어두운 사람들에 관한 안타까움이다. 남들과 유사한 중에도 나만의 단독성을 되찾는 것, 그것이 어렵다면 적어도 우리 자신은 자신으로부터 한시도 떠나 있어선 안 된다. 남의 뜻대로 조종할 수 있는 사람을 사람들이 가만 놔두겠는가?

내가 의도하는 방향으로 삶은 나아가지 않는다. 뜻대로 할 수 없는 것이다. 마음대로 되질 않는다. 그럼 어쩌란 말인가? 여기서 초조 달마의 혜안은 홀연히 빛난다. 이미 없거나 또는 이미 있는데 찾으려 한 건 아닌가. 있다면 드러났을 테지만, 그 누구도 본 적이 없다. 있다가 없어졌다면 다시 생길 텐데 어디에도 찾을 수 없다. 삶 전체가 '뜻'과 '의지'와 '마음'과 '욕망'의 전면적인 헛발질이다. 어쩌면 욕망을 욕망하기 위해 무던히도 애쓰다 무덤으로 가는 게 삶인지 모르겠다. 뜻대로 돼야만 하는 욕망, 내 마음대로 해야 하는 욕망, 무언가 이뤄야 한다는 욕망, 이러저러한 사람이 돼야 한다는 욕망, 마침내 욕망하는 욕망까지. 욕망은 욕망의 욕망까지 자르지 않고는 사라지지 않을 테지만 욕망을 자르려 나를 자를 순 없다. 난감하다. 그러므로 모든 게 뜻대로 되지 않는다는 그대에게 선가의 초조 달마가 숙연하게 드리는 말씀, 뜻대로 되지 않으니 삶이다. 네 뜻대로 되는 그 뜻이 만약 있다면 내게 가져와 보라.

딱 1g의 무게

고민, 고민이 많아 보여. 걱정이 많다
는 건 두려운 게 많다는 거야. 두려움은 두려움을 두려워하는
거라고들 하잖아, 아마 네가 하는 지금의 걱정에도 실체가 없을
지도 몰라. 실체가 없다는 건 걱정하지 않아도 될 걱정을 하고
있다는 거야. 고민 없는 사람은 없지. 고민 없는 사람은 보통 사
람은 아니야. 대부분 사람들은 걱정을 안고 살고 있어. 근데 너
의 고민은 남다르게 많아. 조금 더 진행되면 걱정과 고민이 병
적으로 많아지게 될 것 같아. 그렇게 되면 정상적인 삶이 불가
능할지도 몰라. 공황장애, 심인성 불면증, 우울증으로 이어질
수 있다는 거지. 삶에는 곳곳에 긴 한숨을 배치해 놔야 해. 리부
팅을 주기적으로 하는 거지. 책상 위에 컴퓨터도 하는 걸 하물

며 사람이. 그런데 너 아니? 사람들은 그걸 잘 못하더라고. 인간은 컴퓨터와 또 달라서 심호흡, 휴식, 휴가, 안식 없이는 번아웃으로 곧장 가게 돼. 너는 너의 삶에 충분히 최선을 다하고 있으니 더 잘하려 하지 않아도 될 것 같아. 남들보다 더 뛰어나려 노력하지 않아도 충분히 훌륭하고, 근사하게 살고 있어. 딴짓해도 괜찮아.

야자수가 춤추는 남국의 한 나라, 베트남 월급쟁이들은 낮 12시 정각이 되면 하던 일을 일제히 멈추고 책상 밑에 이불을 편다지. 그 전에 어떤 급박한 일을 했든 '아, 나는 모르겠고' 일단 자리 깔고 누워. 그리곤 그대로 잠이 든단 말씀이야. 이렇게 능동적인 시스템 재부팅을 본 적이 없는데 한국에선 휴식이라 해 봤자 기껏해야 책상에 엎드려 쪽잠을 자거나 의자에 길게 앉아서 조는 수준이잖아. 책상 밑에 이불 펴고 누워 자는 사람들을 보고 처음엔 놀랐는데 생각해보니 지치지 않고 살 수 있는 가장 이상적인 방편이란 걸 알게 됐지. 오수(午睡)라고도 한다지. 낮잠은 오전과 오후를 이어주고 밤잠은 하루와 하루를 이어주는 훌륭한 리부팅 시스템이었던 거야. 너도 너만의 '매일 리부팅 시스템'

을 만들어 보는 건 어때? 그렇다고 사무실에 갑자기 침낭을 쫙 펴진 말고.

어느 날 책을 읽다가 기가 막힌 이야기를 하나 알게 됐어. 남아메리카의 어느 토인 족은 사람이 죽으면 묘지에다가 죽은 사람이 애지중지하며 쓰던 여러 가지 물건을 넣어 주듯이 '말'을 하나씩 묻어준다고 해. 그러니까 그 토인 족은 죽은 사람을 기념하기 위해 그 종족의 언어 중에 하나를 떼서 그와 함께 그 말을 묻고 난 뒤 후에 그 말을 쓰지 않는다는 거야. 지위가 높은 사람일수록 그와 함께 묻히는 어휘는 빈도가 높은 말로 선택된다고 해. 이야기는 여기까지였는데 나는 그 뒤가 무척이나 궁금했어. 혼자 상상의 나래를 펼치다 문득 스스로 물었어. 나는 어떤 말을 가져갈까?

사람들에게 더 이상 쓰지 못하게 하는 말을 생각하면서 혼자 웃어. '엄살'을 같이 묻으면 사람들은 얼마나 각박해질까? 가만있자, 'ㅆㅂ'을 데리고 가면 이 세상에 스트레스로 넘쳐날 걸? '사랑'을 묻어버리면 사랑에 가려진 온갖 진실들이 드러날까? '침묵'을 묻으면 소란해 살 수 있을까? 이거 완전 재미있군그래. 누군가, 위대한 권력자가 '고민'이란 단어를 가져가면 우린 즐거울 거야. 그런데 그러고 나면 삶이 약간은 가벼워질 것 같기도 한데 그럼 이렇게 하지. '고민'은 남아메리카 토인족 어느 실력자가 가져간 것으로 하고 우리 삶에는 긴장, 초조, 떨림 1g만 남겨두기로 하는 건 어때? '작게 되는 것은 한때 큰 것이었음에 틀림없다'고 하니 지금 우리 앞을 가로막는 큰 것들은 언젠가 작아지게 될 거야. 어떤 형태로든 오늘 하루를 살았다면 지금까지 가장 위대한 날을 산 것이니, 어깨에 힘을 쫙 빼고, 박수 세 번.

얼마나 재미있으려고 그리 심각한가

얼마나 재미있으려고 그리 심각한가. 공부하지 않는 아이가 신나게 땀 흘리며 놀고 들어와 환한 웃음을 짓는데도 그는 아이의 웃음은 보이지 않고 공부하지 않았다는 사실만 고집스레 마음에 남아 복수하듯 찡그린 표정으로 맞이한다. 세계 패권이 어떠니 경제가 어떠니, 알고 보면 하나 쓸데없는 가십을 읽으며 포털 뉴스에 눈을 고정하고 모니터로 기어들어 갈 것 같은 모습은 실험용 비이커 모서리를 들고 흔들어 보는 영락없는 화학연구소의 연구원이다. 누군가 용기 있게 던진 농담에 회의석상은 웃음으로 가득해졌지만 웃지 않는 한 사람으로 인해 분위기는 급격하게 냉각된다. 퇴근 길, 조그만 휴대폰 직사각형 발광체에 눈을 떼지 못하고 해지는 강, 오렌지 빛으로 물든 숭고한 장면을 전철 소음처럼 시끄러운 잡음으로 여기고 뺨에 앉은 석양을 벌레 쫓듯 손사래로 막는다. 미간은 늘 내 천자(川)다.

반어와 풍자를 알지 못하고 늘 과잉된 진지함으로 무장된 사람이 있다. 사실 자기 고민이 아닌데도 반도체 기업의 흥망성쇠를 걱정하고 부정적인 포털 기사를 갈무리해가며 나라 걱정을 한다. 세계 시민인 양 머나먼 대륙 아메리카의 코로나 걱정까지 달고 산다. 정작 집에선 아이가 학교에서 벌어졌던 일을 심각하게 말해도 세상 엄한 표정으로 '해', '하지마'로 간단하게 끝맺고 단답이 오가다 조용해진 침묵의 공간엔 다시 내 천자가 그려지며 저희끼리 웃어 재끼는 텔레비전 프로그램을 시청

자 옴부즈맨처럼 본다. 월급쟁이는 집에서도 회사에서도 웃음을 잃어간다. 아, 그는 심각하다. 무엇이 그로부터 웃음을 빼앗아 갔는가.

'웃음'으로 벌어진 희대의 살인극이 있다. 이탈리아 기호학자 움베르토 에코(Umberto Eco)는 소설 《장미의 이름》에서 웃음 하나로 촉발된 중세 수도원의 살인사건을 진리와 역사적 관점으로 풀어낸다. '공허한 말, 웃음을 유발하는 언사를 입에 올리지 말지어다', 자신이 진리의 수호자로 여기는 소설 속 인물인 호르헤 수사는 자기가 옳다고 믿는 것을 지키기 위해 자신에게 반대하는 자들을 절멸시키는 파시스트적 사고를 가진 자다. 그는 웃음을 경멸한다. '악한 것을 보고 웃는다는 것은 악한 것과 싸울 준비가 되어 있지 않다는 뜻이요, 선한 것을 보고 웃는다는 것은 선으로 말미암아 스스로를 드러내는 선의 권능을 부인한다는 뜻'으로 이해하는 자였으므로 '권위를 무화시키는 데 웃음은 아주 좋은 무기가 될 수 있다'고 여기는 수도원의 수사들을 모조리 죽인다.

살면서 그리고 회사에서 불필요하게 심각한 사람(나를 포함한다)들을 바라봐야 할 때가 있다. 그때마다 나는 그런 사람에게 호르헤 수사를 투사하게 되는데 대부분의 심각한 사람들은 정신적 스트레칭이 되어 있지 않아 반어와 풍자, 다름과 여유를 맞닥뜨리게 되면 어쩔 줄 몰라 한다. 그들은 항상 심각하지 않아도 될 상황에도 심각한 척을 하거나 실제로 심각하다. 눈치와 복종이 자연스레 몸에 들러붙었고 감시와 검열이 일상으로까지 퍼진 월급쟁이 회사인간은 당최 웃질 않는다. 그들로부터 마음에 여유를 빼앗아 간 것은 무엇인가. 어릴 적 단풍잎을 만지고 구슬치기하던 조막손을 잊게 만든 것은 무엇인가. 가난이 부끄러운 것이 아니라 욕심이 부끄러웠던 시절이 있었다는 것을 기억할 수 없게 만든 것은 무엇인가.

호르헤 수사를 살인자로 밝혀냈던 윌리엄 수사의 말은 오늘도 내일도 월급쟁이 회사인간의 삶을 살아야 하는 우리에게 의미심장하다. '삶에 대한 지나친 집착에서 우리 자신을 해방시키는 일, 이것이야말로 우리가 좇아야 할 진리가 아니겠는가.' 우리는 삶에서 도망갈 순 없다. 삶을 넘어설 수도 없다. 이를테면 삶은 부처님 손바닥 같은 것이다. 삶으로부터 아무리 멀리 떠나도 여전히 삶이다. 삶에 달라붙어 있어도 삶이고 삶과 떨어져도 삶이다. 삶은 오직 죽는다는 사실만 알고 있는 긴 역사(歷史) 같다. 우리는 역사 속에서 명멸할 하나의 과정이며 몰락이다. 만약 우리가 죽는다는 사실을 알고 있다면 우리는 웃을 것인가, 이마에 내 천자를 그릴 것인가. 더는 심각함이 우리 삶을 갉아먹지 않기를 바란다. 그렇지 않던가, 별달리 기대할 것도 후회할 것도 없는 것이 삶이다. 달이 유난히 빛나는 화요일 저녁을 화요일이라는 이유로 그저 보낼 것인가.

직장인 마음사전

유머를 설명해야 할 때 우리는 허탈하다. 유머를 못 알아먹는 사람과는 맥락 있는 얘기를 피한다. 대화가 끊긴다 생각되면 의심해 보라. 시를 산문으로 설명해야 할 때 시는 곤혹스럽다. 행간의 비약과 복선이 이해되지 않으면 그냥 넘어가야지 어쩌겠는가. 논리적으로 되기는 언제나 쉽다. 대부분의 논리는 그 안에 지독한 유아론을 품고 있다. 논리를 물어오거나 따져 묻는 자들은 그것이 논리적 이해의 영역인지 수사학적 전회의 영역인지를 알지 못한다. 물론 그걸 알았더라면 유머나 시를 따져 물을 리 없다. 전후의 맥락을 이해한다는 것은 뛰어난 센스에 더한 지적 현명함이 함께 요구되는 앎이다. 이를 이해하는 자와의 대화와 글, 그렇지 못한 자의 그것은 삶의 여유와 깊이에서 차이가 나는 법이다. 당신은 어디쯤인가?

회사에서 무거운 말들이 난무하는 이유는 글과 말 때문이 아닐까 한다. 일상적인 삶까지 불필요하게 무거워진 것은. 너무 가벼운 건 좋지 않지만 가끔은 발랄한 글로 일상을 위무하면 어떨까 스스로 물어본다. 필요 없이 무거운 글들 사이에 오아시스 같은 실험 하나, 직장인 마음사전. 직장에서 우리를 둘러싼 말들은 나름의 사전적 정의를 하나씩 가지고 있지만 곧이 곧 대로 쓰이진 않는다. 마치 '큐피드의 화살'이 '사랑'을 상징하듯 직장인 말들에 담긴 은유적 함의를 탐색한다. 세상에 똥침을 날릴 땐 손가락에 힘을 빼야 한다.

회사인간

홍수에 떠내려간 축사의 소들이 30킬로미터 떨어진 어느 집 파란 양철 지붕에 초연히 서 있다. 누런 흙탕물이 지붕까지 찰랑거리며 혀를 내미는데도 발 디딜 때마다 우그러지는 지붕 위에서 늠름하다. 정지 상태로 고개만 돌려 카메라 앵글을 뚫어 져라 보는 소 눈이 빛나고 있었다. 난생 처음 풀려났더니 발은 땅에 닿지 않았던 모양이다. 죽을 힘 다해 올라간 한 평의 자유 는 먹을 것을 주지 않았다. 빌어먹을, 자유가 아닌가, 제기랄 아 무데도 갈 수 없는 건가. 사람들은 그 난리에 살아남아 기특하다 한다. 어디를 가건 걸리고 마는 사람들의 눈처럼 방송국 헬리콥 터는 지붕을 빙빙 돌며 소를 찍었다.

회의

할 말 다하는 팀장님을 보면 언어의 괄약근이 풀렸다 여길 수밖에. 사람이 모여 해결되는 일은 하나도 없다는 걸 알게 되는 시간. 초조한 팀장님의 업무적 자위.

(대부분의 사람들이 핏기 없는 얼굴로 모인다. 그래서 죽음 의 냄새가 나는지 모른다. 회의는 닦달하는 상사의 물음에 맑게

닦인 목소리로 지체 없이 대답해야 하는 약식의 업무 책문이다. 이 자리에서 날아오는 질문에 어물거리나 묻는 자의 심중을 꿰뚫지 못한 대답을 할 경우 상사의 눈썹은 날카롭게 치켜 올려지고 게임은 끝난다. 직장인은 여기서 거의 자신의 능력 전부가 평가된다. 무능과 유능은 먼데 있지 않다. 말 한마디 한마디에 충성심이 뚝뚝 떨어지는 자는 유능하고 그런 분위기가 정나미 떨어져 침묵하는 자는 무능하다.)

금요일

이 날은 월급쟁이 같기도 하고 아닌 것 같기도. 그만 두어야 할까 고민하던 차에 금요일을 맞이하면 느닷없이 고민이 중단되는 마성의 날. '불 같은 화살이 내 핏줄을 타고 지나가는 것 같은' 당황과 흥분의 날.

포스트잇

늘 달랑달랑, 간당간당 매달린,
월급쟁이 삶의 오피스적 투사체

대머리

통달한 업무능력이지만 서툰 인생, 머리는 밝게 빛나지만
서글픈 3년 뒤를 품은 암울한 먹구름 같은 그대

A4

선천적 보고성을 타고난 종이, 성악설을 믿게 만드는 하양.
어느 날, 피보나치는 일생을 걸어 구해낸 황금비율을 후세대 오

피스족들이 보고용 백지로 쓰고 있다는 걸 알게 된다면, 이놈들. 210mm×297mm 새하얀 백지들이 벌이는 농락

혁신

1993년 개도 시부리고 다녔다던 '세계화' 삽질의 2021년 버전

승진

소모적 삶으로의 적극적 이행

주인의식

가만 있자, 주인이 누구였더라. 주인이 누구인지 의식하기

출근

거대한 바위를 들어 올리지만 다시 굴러 떨어진다. 수없이 되풀이하여 바위를 들어 올리려는 긴장된 육체의 노력을 보라. 경련하는 얼굴, 바위에 비벼대는 뺨, 진흙으로 덮인 바위 덩어리를 떠받드는 어깨, 그 바위 덩어리를 멈추게 하기 위해 버티는 다리, 그 바위를 움켜쥐고 있는 팔 끝, 흙투성이가 되어 있는 인간의 믿음직한 두 손. 어제 산꼭대기에 올린 바위가 출근길엔 사라져 버리는 신나는 시지프 놀이

구조조정 월급쟁이

칫솔 바닥에 물먹은 방토 껍데기는 솔과 솔 사이에 붙어
떨어질 줄 모른다
씹어 넘길 때 신나게 으스러뜨리더니 알맹이는 삼키고
껍데기만 모질게 들러붙었다

방토무더기처럼 쏟아지던 일에 졸린 눈 양치해가며
버티다가 구조가 어떠니 조정이 어떠니
껍데기만 남겨질 줄 알았는가, 이대로는 못 떠나겠다
빛나던 오렌지빛 방토 껍데기는 치약에 씻기어
이미 표백 수준이지만
달라붙고 들러붙어 새하얀 것들이 볼 때마다
꺼림칙하게 불편하게 불결하게

떼 내려 잡으려 치우려 버리려 칫솔은 쉼 없이 움켜쥐고
수시고 씻어내지만
세상을 동원해도 뺨을 때려도 조인트를 까도

사이에 끼고 바닥에 들러붙어

니미 씹이다 오늘도 떨어지지 않는다.

월급을 다오 그렇지 않으면

죽을 때까지 칫솔 바닥에 붙어 붉게 웃어 주겠다

우리는 프로니까

회사 이익을 걱정하던 사장은 꾀를 내었다.

건강한 사람은 건강검진을 받지 마라.

이듬해 한 직원은 유방암 3기 진단을 받고 퇴사.

야구를 좋아했던 사장은 꾀를 내었다.

프로만이 살아남는다. 그녀는 프로다. 프로는 아름답다.

휴가반납, 잔업과 야근으로 버티던 사람들은

프로의 이름으로 불꽃 같이 번아웃.

달포를 굶은 어미 시베리아 호랑이가 꾀를 내었다.
먹이 사냥을 포기하고 새끼 둘 중 다리 저는 놈을
흐리멍덩하게 본다.
어미 호랑이와 멀쩡한 녀석 하나는 다시 혈색이 돌아
느긋하게 피 맛을 다셨다.

프로만이 살아남는다.

ㅉ ㅉ ㅉ

엄마 지갑에서 마음대로 뭉퉁이째 빼 낸 만 원짜리 지폐를
딸은 이리 뿌리고 저리 뿌리며 한 없이 즐겁다.
아빠라는 사람은 심각한 얼굴을 하고 즐거워하는 딸을 쫓
아다니며 돈 줍기에 바빴고 마지막 한 장을 딸의 조막손에
서 모멸차게 빼앗으며 무지막지한 표정으로 '땍' 하였다.

우스운 일이다.

알만 한 사람이, 틈만 나면 가진 자를 씹어대던 사람이

돈에 악귀가 걸린 듯 딸이 뿌린 돈을 긁어서 주워 담고

돈을 모르는 천사에게 으름장이라니

딸은 제 아비를 정신병자로 보지 않았겠는가.

사람 얼굴 그려진 종이쪼가리를 가지고

호들갑 떨어대는 모양은

얼마나 우습고 무서웠을까.

인간은 사라지고 경배해야 할 것들이 죄다 멸하고

오로지 돈만을 좇는 제 아비의 짓거리라니.

지갑을 손이 닿지 않는 높은 곳에 올려놓고

가는 아비의 뒤통수에 대고 딸은

쭈쭈하던 입으로 쯧쯧한다.

끼끼처럼

어느 날 고양이 한 마리가 집에 들어왔다. 분홍색 조붓한 혀, 빨간 살이 드러난 콧등, 유난히 털이 길고 숱이 많아서 안아 보기 전엔 얼마나 작고 따뜻한지 알 수 없는 몸뚱아리, 조그만 몸에 심장은 어쩌나 세차게 팔딱거리는지, 휴양림 들어가는 길처럼 굽이굽이 도는 귓속, 습도까지 감지한다는 신비롭기까지 한 흰 긴 수염, 야옹거리다가도 밥을 주면 들릴 듯 말 듯 작게 그르렁대며 좋아하는 녀석이 우리 집 안에 들어와 의문의 동거를 한 지도 어느새 5개월이 다 되어간다. 5개월 전 녀석은 무턱대고 우리 집 앞에 한참을 있더니 열린 문으로 마치 자기 집인 양 터프하게 들어왔다. 그때 녀석의 그 당당한 카리스마에 나는 감동했었다.

녀석은 나방이 눈앞에서 현란하게 움직이면 우주 끝까지 쏘아 보내리라는 눈빛으로 나방을 따라 움직인다. 저녁 즈음 땅거미가 내려앉기 시작하면 안온한 집은 언제 있었냐는 듯 홀로 총총 숲으로 떠나고 아침이 되면 기진한 몸으로 뒷다리를 끌며 다시 집으로 돌아온다. 하얗게 불태웠을 것이다. 밤새 클럽에서 놀다 온 딸(녀석은 암컷이다)을 맞이하듯 나는 눈을 흘기기도 하고 어디서 놀다 이제 왔냐며 혼잣말도 하면서, 급한 동작으로 그릇에 밥을 담아 얼른 내어 놓는다. 녀석이 허겁지겁 먹고 나면 다시 밤새워 놀다 해가 중천에 뜰 때까지 일어나지 않는 딸처럼 늘어지게 자는 것이다. 나는 혀를 차면서도 늘 녀석이 밤을 보내는 숲이 궁금하다.

출근하다 말고 녀석이 밥 먹는 걸 엎드려 가만히 본 적이 있다. 녀석은 관절에 힘을 쓰며 나를 보고 정지 동작을 한다. 눈이 서로 마주치는 순간, 반지의 제왕 사우론이었던가, 탑 위에서 빛나던 서치라이트 같은 그 눈에 나는 말려든다. 마스카라를 진하게 바른 것 같은 부리부리한 눈이다. 긴 털 휘날리는 털북숭이 녀석의 조상은 아마도 아주 긴 시간 동안 북방의 추위를 견뎠을 것 같다. 녀석도 내 눈을 뚫어져라 본다. 한참을 서로의 눈을 바라본다. 녀석은 천천히 한쪽 발을 살며시 든다. 제발 그냥 가라고. 네가 가지 않으면 자기가 가겠다는 뜻인가. 마주 보는 것을 포기하고 출근하려 현관문을 열면 등 뒤에서 허겁지겁 녀석의 밥 먹는 소리가 들린다.

작아진 건 한때 큰 것이었음이 틀림없다면 거대한 몸집과 억센 턱으로 먹이의 뼈를 으스러뜨리던 제 동족들의 기억을 녀석은 간직하고 있을 테다. 녀석은 작다고 깔보지 않는다. 거북이를 작다고 무시하지 않는 하마처럼, 녀석은 조그만 나방을 멸시하지 않고, 모기를 잡으려 검을 빼지 않는다는 견문발검의 도를 무시하며 작은 풀벌레와 개구리와 도마뱀을 잡으려 제 가진 모든 능력을 쏟아 붓는다. 단 한 순간도 허투루 살지 않는다. 언제나 최선을 다한다. 하나도 남김없이 쏟아 붓는 자연의 현현처럼 녀석은 나에게 왔는지 모른다. 먹이를 찾을 때까지 달리는 사바나의 치타, 단 하나가 살아남기 위해 수천 마리를 낳는 거북, 소멸할 때까지 몰아치는 걸 멈추지 않는 태풍과 다시 맑아질 때까지 구름이 머금은 마지막 한 방울의 비까지 쏟아내는 열대의 소나기와 녀석은 다른 모습 같은 영혼인지 모른다. 나는 '왜 꿈이 없을까' 고민하는 그대에게 말하고 있다.

모든 걸 걸지 않고 걸어본 적 없는 나는 녀석이 기진한 채로 맞이하는 아침에 관해 무엇을 말할 수 있을 것인가. 자기도 모르는 그 언제를 위해 남기고, 모으고, 미루는 나는 녀석 앞에서 감히 눈을 부릅뜰 수 있는가. 고작 쏟아 붓는다는 것이 회사의 술자리고, 열정을 바쳐야 한다는 것이 화려한 파워포인트와 업무보고라면 녀석과 나눌 교감의 자격 같은 것이 있을까. 월급쟁이 회사인간인 나는 어디에도 미치지 못하고 회사에 매여 미치려 해도 마음 놓고 미칠 수 없다는 핑계를 대고야 마는 것이다. 그리하여 마흔 줄에 여전히 무엇을 해야 하는가를 고민하고 어떻게 살아야 하는지 묻고 있으니 고양이가 보면 기가 찰 노릇이다. 그래, 오늘은 아이들에게 솔직하게 말해야겠다.

아빠가, 아빠는, 나는 말이다 사실은 아직도 뭘 해야 하는지 잘 몰라. 가끔 너희들에게 커서 뭐가 되고 싶냐고 물어본 건 그러니까 미안하다. 답이 없는 질문을 했으니 너희들도 아무렇게

나 답했을 거야. 이다음에 누군가 다시 그렇게 물어오면 그러는 당신은 뭐가 되고 싶냐고 반문하는 게 좋을 거야. 그렇지만 삶은 기묘하게 전진하니 그 믿음으로 우선은 살아보는 거야. 그래, 그러면 언젠가 자신을 쏟아야 할 때가 분명 오지 않겠니. 다 살고 가는 건 다 쏟아냈다는 말이니까 너희들이나 나나 무엇이 되는 데에 쓸데없는 난리를 치지 말고 시간을 밀치며 그저 끝까지 다 살아보는 거야.

잘 사는 것 말고, 다 산다는 것은 무엇인가. 내 자신을 남김없이 마지막까지 소진하는 것이다. '자신의 삶, 반항, 자유를 느끼는 것, 최대한 많이 느낀다는 것, 그것이 바로 사는 것이며 최대한 많이 사는 것'이다. 끼끼(녀석의 이름이다)처럼.

잔디밭 익어가는 수박을 위하여

내 입에서 걸러진 수박씨를 흙에다 심었다. 비가 오면 비를 맞히려 흙을 담은 다라이를 낑낑대고 옮겼다. 햇살이 강하다 싶으면 응달로 옮겼다. 몇 번을 이리저리 옮기다 귀찮아서 양지바른 곳에 그냥 두었다. 소식은 한참 동안 없었다. 이젠 틀렸다 싶을 때 싹은 돋아났다. 한번 육중한 흙을 밀고 올라온 연두의 싹은 거침없었다. 흙의 압력에서 벗어난 싹은 금세 줄기가 되어 모종 대야를 넘어섰다. 불퇴전을 감행하는 스파르타쿠스와 같이 잔디밭을 기어 다니며 돌진하더니 어느 날, 줄기 중간에서 혹처럼 수박 열매가 맺혔다. 새로운 가족이 된 듯 우리는 환호했다. 연두의 콩처럼 조그맣던 수박 열매는 삼 일이 지나 수박 특유의 세로줄이 희미하게 나타났고 일주일 지나더니 탁구공만큼 커졌다. 혀를 내둘렀다. 한 달이 지나, 제법 수박다운 검은 세로줄을 세기고 핸드볼공이 되었다. 태어나고 커가고 산다는 건 그야말로 환희다.

수박씨가 싹으로 되더니 싹이 줄기가 되었고 줄기에서 열매가 열렸다. 내가 경이로움으로 수박이 커가는 모습을 확인하듯 꼭 그와 같이 누군가가 나를 보고 있을까, 만약 그렇다면 그는 내가 이다음에 어떤 사람이 될 것인지 말해 줄 수 있을 텐가, 내가 다 전개되고 나면, 삶을 다 살 게 되면, 어떤 모습이 되어 있을지 나는 수박을 보던 중에 궁금했던 것이다. 나의 지금은 미래의 나를 위한 필연적 계기인가? 그저 허송일까? 수박씨를 딛고 싹이 되는 것처럼 나를 딛고 일어선 나는 무엇이 될 것인가.

알 수 없다. 나는 나를 관망할 수 없다. 그것은 언어와 사유 너머에 있는 것이어서 지금의 나는 그리로 다가갈 수 없다. 진리라는 것이 있어서 나의 생멸 전체를 안다면 그 진리는 어디에 있는가, 누구인가. 나는 플라톤이 말한 미메시스(모사물, mimesis)를 믿지 않는다. 그 어딘가에 이상세계가 있어서 내가 한낱 그 에이

도스(eidos)의 모사물에 지나지 않는다면 일찌감치 수박과 같이 회사인간으로 살고 있는 나를 보는 누군가가 나타나 그리 살지 마라 했을 테다. 마찬가지로 무수한 '나'가 그려내는 이 세계 전체를 그는 설명할 수 있어야 할 것이다. 언어 너머의 것들을 사유하려 했던 무리한 시도는 플라톤에서 멈추지 않았지만, 인간 너머의 인간이 없듯 나를 넘어 나를 보는 내가 없는 건 확실해 보인다.

18세기 독일 철학자 헤겔(Georg Wilhelm Friedrich Hegel)의 지적처럼 '나'와 '수박'은 유한자고 '신'은 무한자다. 그가 말한 '정신'(des Geistes)을 극단으로 밀고 가면 나, 그리고 수박이라는 유한자는 무한자가 될 수 있다고 말한다. '유한자와 무한자의 통일'은 헤겔 사변철학의 핵심 주제다. 기존의 철학사상에 있어 절대적인 것인 무한자는 대체로 유한자와 대립되는 것이었다면 이처럼 유한자를 매개로 함으로써 비로소 성립하는 무한자는 헤겔 철학 특유의 것이다. 선행하는 것이 후행하는 것의 필연적 계기로 포섭되면서 전개되어 가는 것이요, 시초부터 종국에 이르기까지의 전 역사는 진리 전체인 것이다. 이렇게 역사 속에서 전개되어 가는 정신을 헤겔은 세계정신이라 부른다. 다른 한편으로 무한자를 신, 유한자를 인간으로 본다면 유한자와 무한자의 진정한 통일은 인간과 신, 신과 인간의 통일을 뜻할 수도 있겠으며 이는 헤겔 철학에서 신학적인 부분을 이룬다.'[12]

'인간이 벌레에서 신적인 것으로 나아가려면 우선 그의 시선을 별들로 향하게' 해야 한다. 인간의 시선은 수천 년 신을 향해 있었다. 그렇게 본다면, 유한의 단명을 깨달으며 무한으로 가려는 헛발질이 인간의 역사인지도 모른다. 헤겔이 보기에도 그랬는지 인간의 역사는 '골고다의 언덕을 거쳐 온 역사' 라 말하며 스스로 운동하는 정신의 전개 과정이라 말한다. 신과 하나가 되고자 하는 인간의 역사라는 것이다. 정신현상학 서문에는 그 자신감이 그대로 묻어 있다. 나, 헤겔은 무한에 이르는 길을 너희들에게 가르쳐 주겠노라는 19세기 근대인의 오만과도 같은 자신감이 행간에 정렬되어 있다. 그래서 읽어 내리기가 힘들었는지 모르겠다.

---

12 강유원, 《신화를 위한 서사시: 헤겔을 위한 독법》 중에서

부디 잘 익어라. 지나는 개에게 먹힐지, 애꿎은 고양이에게 줄기가 뽑혀 나갈지, 마당에서 체조 연습하는 딸래미 뒷걸음질에 으스러질지 알 수 없지만, 최선을 다해 익어가려는 노력을 멈추지 마라. 이상적인 수박은 이 세상에 없다는 걸 이미 알지 않느냐. 쏟아지는 열대의 비를 핏물처럼 빨아먹고 자라라. 나는, 한때 이상적인 '나'를 꿈꾼 적이 있다. 너를 보면 그런 건 아예 있지도 않은 것이고 생각할 필요도 없었다는 걸 알게 됐다. 고맙다, 나도 너처럼 지난날도, 앞으로의 날들도 생각하지 않으면서, 그것이 있는지도 없는지도 모르는 지금의 정신으로 살겠다. 다른 삶을 곁눈질 하지 않겠다. 잘 살려 하지 말고 그저 버티어라.

삶의 그라운드 위에서

인간은 무던히 버티는 DNA로 오늘에 이르지 않았던가. 우연히 호모 사피엔스의 생존 이야기를 읽고 한동안 눈을 때지 못했다. 우리의 조상 호모 사피엔스는 한때 절멸의 위기를 맞았다. 긴 이야기를 짤막하게 재구성해 본다. 19만 년 전부터 시작된 빙하기는 아프리카에 살던 호모 사피엔스를 남으로 남으로 쫓아냈다. 빙하기 동안 아프리카 적도 부근은 건조해지고 초원은 사막으로 변해갔기 때문에, 그들은 살던 곳에서 쫓겨나며 그 수가 급격히 줄어들었고 급기야 절멸의 위협에 직면하게 됐다. 현생 인류의 직계 조상 호모 사피엔스는 한때 그 수가 불과 1만 명 아래로 급감했을 것으로 추정되는데, 이는 현대 인류의 유전자에 남아있는 '병목 효과(Bottleneck effect)'

에 의해 입증된다고 한다. 말하자면 현재 70억이 넘는 인간들의 극히 적은 유전적 차이는 오래 전 인구가 급격히 줄었다가 이후 다시 크게 증가한 결과라는 것이다. 어쨌든 멸종의 위기에 처한 호모 사피엔스가 마지막까지 퇴각하여 생존했던 곳 중의 하나 가 남아프리카공화국 남부의 곶(Cape)인 이른바 '피너클 포인트 (Pinnacle Point)'라 불리는 곳이다. 이곳에서 생존의 사투를 벌이 던 호모 사피엔스를 살린 뜻밖의 식량은 홍합이었다. 아프리카 에서 조개류가 번성하는 곳은 매우 드문데, 우연히 홍합이 풍부 했던 이곳에 도착했던 것은 대단한 행운이었다. 한편으로는 숲 과 초원에 살았던 이들이 한 번도 먹어보지 않았던 것을 과감히 섭취해 본 호기심 덕분에 절멸을 피해갈 수 있었다.

멸종을 어떻게 받아들일 것인가. 살던 곳을 두고 떠나온 이 곳, 절멸의 위기를 안고 퇴각했던 호모 사피엔스의 비장함과 같 은 곳. 이십 만 년 전 거대한 이야기를 줄이고 축소하고 쪼개어서 개별화된 나로 치환해 보면 그들의 역사적 퇴각의 종착지는 내 가 고향을 떠나 사는 지금 이곳이고, 그들을 멸종의 위기에서 구 해낸 호기심은 지금 내가 이곳에서 겪는 이제껏 얻지 못한 세상의 데이터겠다. 문화적 충격과 호기심으로부터 얻어내는 것들은 내적 다양성을 넓힌다. 혹시라도 이곳에서 살아남아 다시 고향으로 돌아가더라도 이전의 나는 아닐 것. 내 삶의 지평이 넓어질 때 나는 이곳의 데이터들을 병목효과처럼 삶에 새기리라 다짐한다. 그러니까, 어디서든 살아야 하고 어떻게든 살아야 한다.

삶은 그라운드를 정초하려는 나쁜 습관이 있다. 바닥이 다져져야만 어엿한 삶이 될 수 있다는 착각 말이다. 절멸의 위기에서 정주하던 곳을 과감하게 버리고 이주를 거듭하며 어떻게든 다시 사는 방법을 찾는다. 삶에 정초된 그라운드는 없는 것이다. 삶에 무게가 없듯이 깊이도 없다. 고귀한 삶과 위대한 삶이 따로 있지 않은 것처럼 바닥이 정초된 삶은 애초에 없을 지도 모른다. 우리가 기반이라 부르는 얼마간의 돈, 집, 차, middle class value 같은 삶의 조건들은 어쩌면 자유정신으로 살기를 포기한 호모 사피엔스, 천박한 현대성일지도 모른다. 그라운드 없는 삶에서 깊은 퍼스펙티브가 생겨난다. 월급이 나오는 회사를 떠나게 되면 삶은 나락으로 떨어질 거라는 막연한 두려움이 우리를 그라운드 위만 바라볼 수밖에 없는 왜소한 인간으로 만든다.

호모 사피엔스, 수 천 년에 걸친 이주와 적응, 적응과 이주를 반복하며 마침내 현생 인류는 살아남게 됐다. 살아남은 정도가 아니라 지구 전역에 뿌리 내리게 된다. 그들은 생존을 응축했다. 자연에 저항하여 장렬한 최후를 맞는 어리석음 대신 기다리고 기다리며 다시 사는 날을 고대했다. 이 사건은 나에게 삶을 성숙의 관점에서 얼마나 응축할 수 있느냐를 묻는다. 자유로운 내가 되기 위해선 충분한 숙성이 필요하고 충분한 숙성은 오크통의 포도주와 같은 시간이 필요한 것. 서둘러선 안 된다. 우리에게 필요한 건 오로지 기다릴 줄 아는 지혜다. 기다릴 줄 알아야 한다. 질문하기 무섭게 빠르게 답하는 가벼운 말이 아니라, 경박하게 오고 가는, 뱉어 버리는 삶이 아니라 무서울 정도로 침묵하며 품어내어서 마침내 삶을 송두리째 바꾸어 버리고 마는 응축이 필요한 것이다. 우리에겐 필요한 건 함장축언(含藏蓄言)의 지혜다. 우리는 우리 삶의 문제, 삶의 긴장성을 어디까지 응축시킬 수 있는가? 응축된 것들을 얼마만큼 자기전개로 이끌어 낼 수 있는가? 절멸의 끝으로 가라.

그리고 침잠하라

말을 해야 할 때 적절하게 하지 못하는 것은 비겁한 일이다. 번잡한 일들을 벌이고 싶지 않은 마음이 앞선 나머지 나서야 할 때 나서지 못하는 건 성실과 경청으로 포장한 졸렬함인 줄 안다. 가야 할 길을 비켜가는 건 얍삽한 일이다. 분명 경계해야 할 일이지만 가십이 난무하는 요즈음엔 곁에 있어도 말없이 침묵할 줄 아는 사람이 그리워지는 건 어쩔 수 없다. '인간의 삶의 절반은 마음을 드러내지 않고 암시하거나 얼굴을 돌리고 침묵하는 가운데 지나간다.'

말하지 않고, 느리고, 서두르지 않는 것들이 나는 좋다. 이 세상 모든 아름다운 것들은 빠르지 않다. 이 세상 모든 풍요로움은 초조하지 않다. 이 세상 모든 환희는 서두르지 않는다. 시간에 쫓기는 사람은 죽으러 가는 사람이니 그렇다. 목적지 도달에만 혈안이 되어 가속 페달을 밟는 드라이버는 창밖에 들판이 얼마나 아름다운지, 산 너머로 지는 해가 얼마나 황홀한지 알지 못한다. 우리 생이 꼭 그와 같으니 쫓기고 쫓기다 결국 막다른 곳이 무덤이라는 사실을 뒤늦게 알아서는 안 될 일이다. 우리의 일도 가족도 의무나 책임이 아닌 그저 멈추고 바로 보면 그저 멋진 산처럼 자신이 사랑하는 것으로 가득 채워 사랑하면서도 한 번도 사랑한 적이 없게 만들면 좋을 것 같다.

그렇지만, 우리는 늘 이런 생각 끝에, 아름다운 장면을 보는 중에도 휴대전화 포털 가십에 얼굴을 파묻고 침묵할 줄 모른다. 그것은 말하지 않지만 무언의 조잘댐이 사방팔방에 퍼지며 귀청을 때리는 고요함이다. 포털 가십과 영상매체를 습관적으로 보며 시간을 죽이는 습성에는 어떤 인간적 함의가 숨었을까? 은밀한 관음적 욕망, 남의 불행을 보고 느끼는 상대적 행복, 아니다. 그것은 창조할 필요 없고, 상상할 필요가 없고, 사유하고 생각하는 것을 포기한 광범위한 불행의 마스터베이션이다.

아무런 인간적 제어가 작동하지 않고 뉴스에 즉각 반응하는 경박한 인간의 표상이 본래 모습임을 알게 되고 수많은 사람 중에 하나, 대중이라는 개념 뒤에 숨어서 편리한 훈수와 처세에만 촉수를 세우는 인간임을 알게 되기 때문이다. 보는 순간만큼은 훌륭한 사람이 될 필요가 없어지고 당면한 프로젝트를 생각하지 않아도 되고 자식들 걱정을 뒤로 해도 되는 것, 맞닥뜨려

풀어야 할 문제들로부터 도망칠 수 있는 곳이기 때문이다. 시시함, 지루함, 일상이라는 번쇄적 패배의식을 잠시 동안이라도 환기시키고, 팔짱 끼고 진흙탕 싸움을 구경할 수 있는 스펙타클의 지위를 누릴 수 있기 때문이다. 인생에서 주인 됨을 포기한 '노예도덕'이 펼치는 발작적 욕망의 투사가 포털과 영상매체에서 벌어진다.

경박한 일상, 무엇이든 알고 있어야 하고 뭐든 잘해야 한다는 강박에 질질 끌려 다니는 삶에서 빠져 나와 침묵으로 자신에게 침잠하라. 고요하게 빠져들 때 회사인간의 몸은 오래 전 '진짜 인간'이었던 때를 불현듯 기억해 낼 것이다. '한 인간은 그가 말하는 것들에 의해서보다 침묵하는 것들에 의해서 한결 더 인간이다.' 우리는 회사인간이 아니라 진짜 인간이다. 광막한 사막에 홀로 의젓하게 존재하는 오아시스 같은 인간이며 지구를 통째로 사는 신화 같은 인간이다. 입가에 미소, 의연하게 출입문을 밀쳐낸다.

닿을 수 없는 곳

2016년 겨울이었다. 새벽에 출근하며 살을 애는 추위에 욕지거리가 나왔다. 그날은 통근 버스보다 일찍 회사에 가야 했고 그러려면 버스 두 번을 갈아타야 했다. 첫 번째 버스에서 내려 두 번째 버스를 기다렸다. 추워서 윗니와 아랫니가 부딪혔다. 기다리던 757번 버스는 오지 않았는데 김해공항으로 가는 버스는 분주하게 오갔다. 큰 캐리어 트렁크를 끌고 무거운 여행가방을 둘러멘 사람이 내 앞을 재빨리 지나갔고 그가 지나간 후폭풍에 나는 고개를 돌렸다. 그들은 웃고 있었다. 기다리던 버스가 정차해야 할 곳에 공항버스가 섰다. 버스 옆면 커다랗게 도배돼 있던 '다낭'의 푸른 바다를 나는 잊지 못한다.

그곳은 밝고 눈 부셨다. 하얀 모래사장과 푸른 해변이 끝도 없이 펼쳐져 있다는 걸 광고판만으로도 알겠다. 나도 그들을 따라 가고 싶었다. 빌어먹을 회사 출근길을 이대로 끊어버리고 가고 싶었다. 갈 수 있을까, 갔으면 한다, 그곳이 어느 나라인지, 어디에 붙어 있는 해변인지는 중요하지 않았다. 그곳에 가리라. 그러나 그들의 행선지와 내가 가야할 출근길은 잔인하다 싶을 정도로 달랐다. 굳은 표정이 더 굳어졌다. 그들은 자기 몸뚱어리만한 캐리어를 버스에 넣기 위해 버스 측면 화물칸 문을 위로 들어 올렸다. 그러면 푸른 바다에 '다'자가 가려졌고 나는 '낭'자를 보며 '다'자가 다시 보일 때까지 그들을 물끄러미 봤다. 그 새벽에 봤던 그들과 다낭이 나는 미웠다.

다음 번 우연히 마주친 버스에 다낭 광고판이 보일라치면 고개 숙이거나 딴청을 피웠다. 나는 절대 그곳에 갈 수 없다는 걸 알고 있었기 때문이다. 나는 다낭 바다를 가지 못하리라는 걸 알고 있었다. 내가 입고 있는 건 카키색 작업복이었고 그곳으로 떠나는 그들이 입은 건 두툼한 외투 안에 가벼운 반팔이었다. 두꺼운 외투가 위선 같았다. 반팔만으로도 따뜻할 것 같던 그들의 외투가 나에겐 위선으로 보였다. 나는 추웠고 허연 입김이 나올 때마다 부끄러워서 내가 미웠다. 그럴수록 나는 낮게 떨어졌고 갈 수 없는 그곳, 야자수가 여인의 머리카락처럼 날리는 적도의 바다, 그곳으로 인도하는 광고판이 미웠다.

사람 일이란 모르는 법이다. 시간이 흘렀고, 다낭이 어디에 있는 해변인지 알게 됐다. 다낭 바다 노스텔지어도 없어졌고 그런 게 있었는지도 모르게 됐을 무렵, 나는 반 벌거벗은 여인들이 춤추는 그곳에 있었다. 운명이란 알 수 없는 것이다. 유난히 추웠던 그해 겨울, 그곳이 어디든 그때 내가 갈 수 없는 모든 곳의 이름은 다낭이었다. 내가 발버둥을 쳐도 가 닿을 수 없는 것들의 대명사가 다낭이었다. 지금 나는 다낭을 수시로 갈 수 있지만 내 마음 구석엔 여전히 도달할 수 없는 '다낭'이 있다. 그래서 지금 다낭에 있더라도 나는 다낭에 닿을 수 없다. 다낭에 왔지만 다낭에 도착할 수 없다. 아마 나는 영원히 다낭에 가지 못할 테다. 북극성을 보고 있지만 닿을 수 없어 떨기만 하는 나침반처럼.

누군가에겐 닿을 수 없는 그곳이 에베레스트고 누군가에겐 다낭이며 또 누군가에겐 행복한 가정이고 더러는 직장에서의 승진과 그저 많은 돈일수도 있겠지만 죽을 때까지 오르고 이루고 그리고 또 내려오고 버린다. 그것이 인생임엔 확실하다. 유난히 추웠던 그날 새벽 출근길을 잊지 않겠다. 고작 그곳을 가지 못해 스스로 부끄러워했던 기억과 얇은 작업복에 이를 부딪치며 757번 버스에 오를 수밖에 없었던 그날, 남국의 해변, 다낭이 우주의 북극성과도 같았던 초라했던 날. 삶은 과정이다. 다만, 과정에서 부끄럽고 싶진 않다. 닿을 수 없는 곳이 무수히 많다고 해도 내가 남김없이 마모되는 날까지 다시 오르고, 이루고, 내려오고, 버린다. 그것이 다 사는 법이라 여긴다.

회사인간

초판 1쇄 인쇄 2022년 6월 15일
초판 1쇄 발행 2022년 6월 22일

지은이	장재용
펴낸곳	스노우폭스북스
편집인	서진
편집	강민경
편집진행	성주영 박정아
마케팅	김정현 이민우 김이슬
영업	이동진 박민아
디자인	강희연
주소	경기도 파주시 광인사길 209, 202호
대표번호	031-927-9965
팩스	070-7589-0721
전자우편	edit@sfbooks.co.kr
출판신고	2015년 8월 7일 제406-2015-000159
ISBN	979-11-91769-09-8 (13190)